Dezemberhimmel

Weihnacht, Christmas, Navidad

Autorenclub Donau-Ries

Covergestaltung:
Sonja Strobel, Gabriele Geiger-Bissinger, Harald Metz

Herstellung und Verlag: BoD- Books on Demand, Norderstedt

ISBN: 978-3-7481-5115-9

Inhaltsverzeichnis

Ochse und Esel an der Krippe

Alfred Bäurle

„Was muss ich mir noch alles gefallen lassen", brummte der Ochse und senkte traurig seinen Kopf, um das kärgliche Futter zu verschlingen, das man für ihn auf den Boden geworfen hatte.

„Den ganzen langen Tag habe ich auf dem Acker geschuftet. Bei glühender Hitze. Dass auch ein Ochse einmal Durst haben könnte, daran dachte natürlich niemand. Am Ende, als meine Kräfte nachließen, hat der Bauer noch mit einem Stock auf meinen Rücken geschlagen und mich dazu noch ganz grob beschimpft. Du fauler Kerl, hat er geschrien und gotteslästerliche Worte dabei ausgestoßen. Jaja, diese Menschen bilden sich ein, die Krone der Schöpfung zu sein. Aber ohne uns Tiere, da würden sie schön dumm aus der Wäsche schauen."

Er legte sich ächzend auf den kalten Stallboden und döste ein. Nur wenige Meter entfernt hing ein altgedienter Esel seinen Gedanken nach.

„Störrischer Esel haben sie mich genannt. Dummes Vieh, schrie mich ein Treiber an und hat dabei mit einer Rute auf meinen Kopf eingedroschen. Was habe ich Unrechtes getan? Warum werde ich behandelt wie der schlimmste Taugenichts? Sie sagen, ich wäre dumm und widerspenstig. Wer hat denn die schwere Last in die Stadt getragen? Mein Herr oder ich? Wer hat mich auf dem Markt an einen Pfahl gebunden und ist dann ins Wirtshaus gelaufen, um fürstlich zu essen und hat den kühlen Wein getrunken? An meine Bedürfnisse dachte er natürlich nicht. Wer hat dann meinen Herrn auf dem Rücken heimgetragen, weil er, angetrunken, kaum noch laufen konnte? Wen kümmert das schon? An das Wort Dankeschön, auch mal ein kleines Lob oder eine extra Ration Futter, daran denken sie nicht, diese Menschen. Iah, iah, ich bin ja nur ein Esel. Auch das haben sie vergessen, dass einer meiner Vorfahren den Propheten Bileam gerettet hat. Undank ist der Lohn der Welt."

Er hörte noch den ruhigen Atem des Ochsen, der müde und erschöpft eingeschlafen war. „Ich werde mich auch ausruhen, wer weiß, was ich morgen für Lasten aufgeladen bekomme."

Der Esel legte sich nieder und schlief ein. Die Nacht senkte sich über die Felder, den Stall und die Stadt herab. Als etwa eine Stunde vor Mitternacht ein heller Lichtstrahl durch eine Öffnung im Dach den Stall hell erleuchtete, wachten der Ochse und der Esel auf. Sie blinzelten mit ihren verschlafenen Augen und wussten nicht, was in diesem Augenblick geschah. *Ist ein Feuer ausgebrochen? Sind Diebe mit Fackeln eingedrungen, um uns zu stehlen?* Solche Gedanken huschten durch die Köpfe der beiden Tiere.

„Haben unsere Herren das helle Licht noch nicht bemerkt?", brummte der Ochse.

„Das ist doch ganz typisch, immer wenn etwas Außergewöhnliches geschieht, schläft der Homo sapiens", iahte der Esel. Er gebrauchte ganz bewusst diesen Ausdruck, um dem Ochsen klar zu machen, dass er Bildung besaß.

„Wir werden der Sache nachgehen und schauen, welche Bewandtnis dieses helle Licht hat", murmelten beide gleichzeitig vor sich hin.

Sie verließen ihren Stall und trotteten dem Licht entgegen. Auf den Feldern schliefen unter offenem Himmel Hirten, nur mit einem Schaffell bedeckt, die die Schafe der Reichen bewachen sollten. Ganz offensichtlich war auch ihnen die wundersame Helligkeit noch nicht aufgefallen. Nur ein Mutterschaf blickte verschlafen in die Helligkeit hinein, senkte aber gleich wieder den Kopf und schlief ein.

Eine ganze Weile liefen Ochse und Esel nebeneinander her. Die Sonne hatte beinahe den tiefsten Stand ihrer Bahn erreicht.

„Mitternacht, ein neuer Tag beginnt", meinte der

9

Esel. „Oder eine neue Zeit fängt an", philosophierte der Ochse und wiegte nachdenklich seinen breiten Schädel.

„Es wäre Zeit, noch etwas auszuruhen", sagten sie zueinander. „Esel, sieh nur, da vorne, hinter den Sträuchern steht ein Stall".

„Du hast Recht, lieber Ochse", antwortete der Esel, „dort ist auch das sonderbare Licht ganz hell. Wir wollen hingehen, um zu sehen, was das alles zu bedeuten hat."

Als nun die beiden zum Stall kamen, wunderten sie sich, dass weder Tiere noch Menschen zu sehen waren. In einer Ecke erblickten sie einen großen Haufen Stroh und gleich daneben lag ein Büschel duftenden Heus. Das würzige Futter weckte bei Ochse und Esel einen mächtigen Hunger, aber sie wagten sich nicht an den Heuhaufen, um zu fressen. Eine Futterkrippe stand vor dem Heuschober und in diesem Trog lag trockenes Stroh, bis zum Rand ausgebreitet.

„Wir sollten uns hinter den Strohhaufen legen und abwarten, was geschehen wird", riet der Esel.

Der Ochse war einverstanden. Sie versteckten sich beide hinter dem Stroh und wagten kaum zu schnaufen.

Es dauerte auch gar nicht lange, da betrat eine junge Frau, begleitet von einem etwas älteren Mann, den

Stall. Sie sah sehr erschöpft aus. Der Mann machte auf Ochse und Esel einen besorgten, ja ratlosen Eindruck. Sein Gesichtsausdruck wirkte sinnierend und grübelnd.

„Die Frau bekommt ein Junges", brummte der Ochse, so leise er es vermochte.

„Bei den Menschen sagt man doch, sie bekommt ein Kind", verbesserte der Esel im Flüsterton.

Die arme Frau wird ihr Kind in diesem Stall gebären müssen, dachten beide und blickten voll Mitleid auf die beiden Menschen.

„Aber warum ist es gerade hier so hell, warum steht über dieser armseligen Behausung ein Stern, der alles festlich erstrahlen lässt?", sinnierte der Ochse.

„Hier geschieht etwas Besonderes, ja Einmaliges! Wir erleben den Beginn einer neuen Zeit, das spüre ich in meinem Herzen. Auch der Esel Bileams hat gespürt, was dieser, obwohl er doch ein Seher war, nicht erkannte. Mein lieber Freund, mein guter Ochse, wir werden dabei sein", raunte der Esel. Sie wagten es, verstohlen hinter dem Strohhaufen hervorzuschauen.

Der Mann breitete etwas Stroh auf den Stallboden und die Frau legte sich unter Stöhnen darauf. Angespannt lauschten Ochse und Esel den unterdrückten Schreien der jungen Frau, die ganz offensichtlich mit großer Geduld heftige Schmerzen ertrug.

„Hörst du, der Mann redet ihr gut zu, er hält ihre Hand und schaut in das helle Licht hinein", wisperte der Ochse.

Die Spannung der beiden Tiere wuchs ins Unerträgliche. Plötzlich ein Schrei, ein erlösendes Aufatmen der Frau und ein tränenersticktes Gestammel des Mannes waren zu hören.

„Ein Kind ist geboren, so etwas habe ich noch nie miterlebt", frohlockte der Esel ganz entzückt.

„So klein, so armselig und doch so schön", schwärmte der Ochse.

Die Frau legte ein Wolltuch auf das Stroh, das im Futtertrog lag. Die beiden Tiere schauten aus ihrem Versteck heimlich zu, als der Mann den kleinen Erdenbürger in die Futterkrippe legte. Jetzt nahm er sein Schultertuch ab und bedeckte das kleine Kind, damit es nicht frieren musste.

Ochse und Esel waren so ergriffen, dass sie es wagten, aus ihrem Versteck zu kommen. Hinter der Futterkrippe blieben sie stehen und schauten so freundlich, wie sie es vermochten, auf das Kind.

„Maria, sieh nur, wir sind nicht allein. Ein Ochse und ein Esel werden dich und unseren Sohn wärmen. Alles wird gut werden", sprach der Mann, der ganz nahe bei seiner Frau stand und seinen Arm schützend um ihre Schulter legte.

„Ja, du sagst es, mein lieber Josef, hab tausend Dank für deine Sorge", entgegnete ihm Maria.

Eine ganze Weile standen alle stumm um die Krippe, ohne zu ahnen, was hier vor sich ging.

„Maria, hörst du es auch? Ich vernehme Stimmen und einen himmlischen Gesang", rief Josef verwundert. Maria blickte überglücklich auf ihr schlafendes Kind, das selig zu lächeln schien.

Unter die Lieder, die nun von überall her zu hören waren, mischte sich das Blöken der Schafe, die sich dem hellerleuchteten Stall näherten. Viele Hirten kamen eilends hinterher gelaufen.

„Ein Bote mit leuchtendem Gewand hat uns geweckt und verkündet, dass in diesem Stall ein neuer König geboren wurde", keuchte ein junger Hirte.

Bald kamen auch noch andere dazu. Einige knieten nieder und blickten staunend zu dem hell leuchtenden Stern empor. Der Ochse und der Esel drängten sich ganz eng an den Futtertrog heran, um den kleinen König vor dem kalten Wind, der durch die Ritzen in den Wänden wehte, zu schützen.

Als sich eine freche Fliege auf dem Gesicht des Kindes niederlassen wollte, vertrieb der Ochse den Plagegeist mit seinem Schwanz. Der Esel konnte ein Lachen nicht unterdrücken, iahahaha, iahahaha. Er beobachtete die Abwehraktion seines Kollegen mit großer Freude.

„Ist es dir aufgefallen, dass wir, die Tiere, die Ersten waren, die es erfahren haben, dass eine neue Zeit beginnt?", fragte der Esel den Ochsen.

„Ja natürlich", bekam er zur Antwort, „und nicht nur das. Wir waren sogar dabei. Wir, Ochse und Esel und nicht die Menschen. Das hat doch sicher einen Grund."

Maria lächelte die beiden an. Ein mildes Licht fiel auf ihr Gesicht.

„Wie schön sie ist", murmelte der Esel.

„Es gibt auch gute Menschen, solche wie diesen Josef. Er redet nicht viel, schimpft nicht und ist einfach da, wo er gebraucht wird", erwiderte der Ochse.

„Heute bin ich richtig froh, dass ich ein Esel geworden bin", sagte der Esel ganz leise vor sich hin.

„Ich fühle mich wirklich wohl in meiner Haut", brummte der Ochse, kaum hörbar.

„Ochse und Esel erkannten ihren Herrn von selbst, den Menschen musste es erst verkündet werden, dass ihr Retter geboren worden ist", gab der Esel stolz zu bedenken.

Das Kind öffnete für einige Atemzüge lang die Augen und die beiden erkannten, dass es lächelte. Nun versuchten auch Ochse und Esel, es dem kleinen Erdenbürger gleichzutun. Da konnten auch Maria und

Josef ein gütiges Schmunzeln nicht unterdrücken.

Alle waren glücklich, ja sogar ein wenig stolz, so wie nie zuvor in ihrem Leben. Wie in einem schönen Traum lauschten sie den Klängen, die von überall her in den Stall drangen. Sie spürten, dass eine neue Zeit begann. Das war ganz offensichtlich.

„Wir waren dabei", brummte der Ochse. Der Esel nickte zustimmend.

Beide vergaßen die Last der vergangenen Zeit. Ein Jahr, das mit einer solchen Nacht endet, kann für die Zukunft nur Gutes verheißen.

Mit dieser Hoffnung im Herzen schliefen Ochse und Esel ein.

Wieder einmal Weihnachten ohne Vater

Irene Hülsermann

Besorgt betrachtete die Mutter ihren Sohn. In den letzten Wochen hatte er sich immer mehr zurückgezogen. Und sie konnte machen, was sie wollte, er rückte einfach nicht damit heraus, was ihn bedrückte. Selbst seine Zwillingsschwester kam nicht an ihn heran.

„Ich habe einen Arzttermin für dich ausgemacht", sagte die Mutter nach dem Essen zu ihm. Da fing ihr Sohn plötzlich an zu weinen. Bestürzt nahm sie ihn in den Arm. Und unerwartet sprudelte es nur so aus dem kleinen Kerl heraus.

Er machte sich Sorgen um den Vater. Immer wieder fuhr dieser monatelang in ein Krisengebiet. Monate, in denen er seinen geliebten Papa, wenn er Glück hatte, nur am Telefon hören oder manchmal über Skype sehen konnte. Die Erwachsenen verstanden ihn in seinem Kummer nicht. Sein Lehrer hatte erst neulich gesagt, dass Afghanistan nicht mehr gefährlich sei. Alle glaubten, dass er mit zehn Jahren dumm sei, aber er hatte sich im Internet schlau gemacht und wusste ganz genau, dass diese Länder nach wie vor gefährlich waren.

In der Nacht träumte er immer so schreckliche Dinge. Dann sah er seinen Vater, tot, von einer Bombe in alle Teile zerrissen. Keiner konnte ihn trösten. Nicht die Mutter und auch nicht seine Schwester. Die glaubten eher den Beschönigungen der anderen Leute.

An Weihnachten würde sein Vater wieder einmal nicht da sein. Das war dann schon das vierte Mal, dass er nur mit der Mutter und mit der Schwester feiern würde. Seine Mama gab sich zwar immer viel Mühe, aber ohne den geliebten Vater war Weihnachten nicht Weihnachten.

Seine Mutter seufzte tief, sah ihren Sohn an und wischte sich verstohlen eine Träne weg. Auch sie vermisste ihren Mann schmerzlich und fragte sich, wie oft sie das alles noch ertragen musste. So hatte sie sich ihr Leben nicht vorgestellt. Die Angst um ihren Mann quälte sie. Aber sie erlaubte sich keine Schwäche, nicht vor den Kindern. Sie litten unvermeidlicherweise schon viel zu viel.

Aber jetzt, als ihr Sohn endlich redete, konnte sie sich nicht mehr zurückhalten. Zuerst versuchte sie, ihn zu trösten:

„Papa kommt bald heim und du wirst sehen: Alles wird gut!" Schon als sie diese Worte aussprach, wusste sie, dass es wieder nur eine Floskel war. Plötzlich fing sie ebenfalls hemmungslos an zu weinen.

Die Tür öffnete sich und die Tochter kam herein. Als sie die beiden sah, fragte sie erschrocken:

„Ist Papa etwas passiert?"

„Nein, nein", erwiderte die Mutter schnell.

„Es ist nur, dass wir ihn so schrecklich vermissen." Die drei umarmten sich liebevoll, weinten und trösteten sich gegenseitig. Irgendwann schliefen sie erschöpft auf dem Fußboden des Kinderzimmers ein.

Als die Mutter nach einiger Zeit aufwachte, holte sie Decken und Kissen und deckte die Kinder fürsorglich zu. Da klingelte plötzlich das Telefon. Sie war beunruhigt. Wer rief denn mitten in der Nacht an?

Als die Mutter auflegte, wusste sie nicht, ob sie weinen oder lachen sollte. Das eben Gehörte war so schrecklich und dennoch war sie bloß erleichtert.

Ihr Mann hatte ein Attentat leicht verletzt überlebt. Auf einer Patrouillenfahrt hatte sich eine Gruppe Attentäter in die Luft gesprengt. Dabei starben zwei Soldaten, zwei wurden schwer verletzt und schwebten noch in Lebensgefahr und etliche waren leicht verwundet worden.

In den nächsten Tagen würde ihr Mann zurückkommen. Für ihn war der Auslandseinsatz vorzeitig beendet. Sie mochte sich gar nicht den Kummer der anderen Familien ausmalen. Sie war nur froh, dass es nicht sie getroffen hatte. Gleich plagte sie das schlechte Gewissen. Aber dann siegte nur die Freude darüber, dass es ihrem Mann relativ gut ging und dass er nach Hause kam.

Die Freude über die Rückkehr des Vaters überwog in der kommenden Zeit das Gefühl der Hilflosigkeit. Natürlich dachten sie an die anderen Familien und hatten sehr viel Mitgefühl.

Immer wieder redeten die Eltern gemeinsam mit den Zwillingen über die vergangenen schrecklichen Ereignisse.

„Musst du wieder weg?", fragte die Tochter mit piepsiger Stimme. Angst stand in ihren Augen. Der Vater schluckte, bevor er antwortete:

„Erst einmal nicht. Aber ihr beide seid schon groß und ich möchte deswegen ehrlich mit euch sein!", er räusperte sich.

„Ich bin Soldat. Das ist mein Beruf. Dennoch werde ich alles dafür tun, die nächsten Jahre nicht wegzugehen." Der Junge fing leise an zu weinen. Da ergriff die Mutter das Wort:

„Papa war mittlerweile schon so oft in einem Auslandseinsatz und jetzt nach dem überstandenen Attentat, da werden die Vorgesetzten Rücksicht auf ihn nehmen."

Der Vater nahm seinen Sohn in den Arm und griff mit der anderen Hand nach seiner Tochter:

„Ich werde alles dafür machen, dass ich nicht so schnell weg muss. Und wenn, dann in eine Region, die nicht so gefährlich ist."

Die kommenden Tage redeten sie lange über dieses Thema, langsam beruhigten sich die Kinder und fingen an, sich auf das bevorstehende Weihnachten zu freuen. Immer öfter sah man sie wieder herzhaft lachen. Zwei Wochen später überlegten sich die Eltern, wie sie das überraschende, gemeinsame Weihnachtsfest für die Kinder gestalten könnten.

„Sie haben genug gelitten in der letzten Zeit. Was meinst du, Schatz? Wie bereiten wir ihnen eine besondere Freude?", fragte der Vater seine Frau.

Nach langen Überlegungen hatten sie sich etwas Ausgefallenes ausgedacht. Die Kinder verweilten bei Freunden und die Eltern bauten in der Zwischenzeit ein Zelt im Garten auf. Davor stellten sie den Christbaum. Während die Mutter diesen mit Äpfeln, Strohsternen und bunten Lutschern schmückte, richtete der Vater eine Feuerstelle für das Lagerfeuer her. Im Zelt baute die Frau die Krippe auf und stellte liebevoll die Geschenke daneben. Überall lagen flauschige Kissen und Decken. Am Zeltdach blinkten leuchtende Sterne und der Vater baute eine kleine Musikanlage auf.

Als die Kinder nach Hause kamen und von den Eltern in den Garten geführt wurden, blieben sie mit offenem Mund stehen.

Der Vater streckte ihnen wortlos Äste mit aufgespießten Würstchen und Brotteig entgegen und wies die Plätze vor dem Feuer zu. Im Hintergrund hörten sie die weihnachtlichen Klänge und die lächelnde Mutter erzählte leise die schönsten Weihnachtsgeschichten.

Das ungewöhnliche Ereignis in Bethlehem

Katrin Ott

Die Heiligen Drei Könige fragten beim König Herodes nach dem neugeborenen Kind, dem König, den sie anbeten wollten. Doch Herodes duldete keine anderen Könige neben sich. Er verstellte sich und bat die drei Könige, ihm auf dem Rückweg zu erzählen, wo sich dieser neue König befände, damit auch er ihn anbeten könne. Aber Herodes wartete umsonst. Niemand kam zu ihm, um ihm Neuigkeiten zu überbringen. So machte er sich auf den Weg nach Bethlehem. Es sprach sich schnell herum, wo das Kind, in Windeln gewickelt, in einem Stall lag.

Als er den armseligen Stall fand, ohne einen Wächter zur Verteidigung, dachte er sich: „Es wird ein Leichtes sein, dieses Baby zu töten. Dann bin ich wieder der Alleinherrscher." Es war schon dunkel, der Engel wachte, für Herodes unsichtbar, über dem Stall, Maria und Josef schliefen schon, als er vorsichtig heran schlich. Die Schafe wurden unruhig, als er durch ihre Herde ging. Die Hunde witterten ihn zuerst und schlugen Alarm. Der Fuchs knurrte. Das kleine Gänschen versteckte sich aufgeregt hinter der Futterkrippe und flüsterte Jesus zu: „Es droht Gefahr!"

Doch das Kind lächelte still in seiner Futterkrippe, als ahnte es schon, was jetzt passieren würde. Der Ochse stand auf und stellte sich vor das Kind. Maria und Josef wachten erschrocken auf, doch sie konnten im Dunkeln nichts erkennen. Der Esel stellte sich mit aufgestellten Ohren an die Stalltür.

Was dann folgte, damit hatte Herodes nie gerechnet. Die Hunde stellten sich ihm entgegen und fletschten ihre Zähne. Die Gans biss ihm ins Bein. Die Schafe drängten ihn vom Stall ab. Die Kamele spritzen ihm Wasser ins Gesicht. Der Esel schlug aus und traf ihn mit seinen Hufen am Rücken. Herodes bekam fast keine Luft mehr und beeilte sich, davon zu kommen. Die Hirten, mit ihren Stäben bewaffnet, hetzten ihn in die Wüste.

Herodes sah ein, dass er keine Chance hatte, allein gegen so viele anzukommen. Der Engel flog noch eine Weile hinter ihm her, bis er sich ganz sicher war, dass er nicht zurückkommen würde. Herodes floh heimwärts, doch noch auf dem Rückweg hörte er das Lachen der Tiere und Menschen, die ihn in die Flucht geschlagen hatten. Er erzählte niemandem etwas von seiner Blamage und so wurde es auch nie in der Bibel erwähnt.

Als wieder Ruhe einkehrte, versammelten sich alle

Tiere und die Hirten im Stall und rundherum. Und alle schauten auf das Kind in der Futterkrippe, das immer noch lächelte und der Stern am Himmel sah so aus, als lächele er mit.

von Katrin Ott 14.12.2010

Das Spiel mit den Krippenfiguren meiner Kinder inspirierte mich so, dass ich ihre Geschichte aufgeschrieben habe.

...und jetzt auch noch Weihnachten

Ulrike Karg

Nach einer unruhigen Nacht stand Rita auf und setzte die Espressokanne auf den Gasherd. Noch im Morgenmantel riss sie das Kalenderblatt ab, 23. Dezember, morgen war Heilig Abend. Diesmal würde alles anders sein, wirklich alles.

Das Gurgeln in der Bialetti am Ende des Brühvorgangs hörte mit einem abschließenden Zischen auf, als wollte die Kanne tief ausatmen. Während sich die winzige Küche mit dem vertrauten Duft des frischen Kaffees füllte, machte Rita im Geiste Kassensturz der vergangenen Monate. Am liebsten würde sie diese Zeiten komplett aus ihrem Leben streichen.

Das Unglück begann im März. Ihre Eltern nahmen an einer Omnibusreise des Hausfrauenbundes teil, die sie nach Holland zu einer Grachtenfahrt bringen sollte. Sie kamen nicht lebend zurück. Der übermüdete Fahrer hatte das Stauende übersehen und verursachte einen schweren Unfall mit mehreren Toten und vielen Verletzten. Mit Tränen in den Augen goss sich Rita Kaffee ein. Essen konnte sie nichts.

Das Auflösen des Elternhauses in Bremen kostete

viel Kraft und Zeit, in der sie sich kaum um ihren Ehemann kümmern konnte. Helmut kam das gerade gelegen. Er verließ sie. Das hatte er schon lange vorgehabt. Jetzt war die Schuldige gefunden. Sofort zog er zu seiner Neuen. Rita kündigte daraufhin das gemeinsame Haus und mietete für sich eine kleine Wohnung in der Innenstadt von Augsburg. Sie brauchte kein Auto mehr. Zu Fuß konnte sie viel erledigen und erreichte ihre Arbeitsstelle mit der Trambahn.

Durch den Wohnungswechsel völlig irritiert verschwand dann auch noch ihr kleiner Kater Moritz von einem Tag auf den andern und war nicht mehr aufzufinden. Rita war maßlos traurig.

Ihre allerbeste Freundin Birgit war im Spätsommer mit der ganzen Familie nach Kanada ausgewandert. Aber skypen war halt was anderes als zusammen im Café zu sitzen und zu quatschen. Wieder ein Verlust für Rita.

Ihre Freundin Marion hatte ihr vorige Woche eröffnet, dass sie die Weihnachtsferien mit ihrem neuen Lover in Südafrika verbringen würde. Also, welche Aussicht hatte Rita auf ein schönes Weihnachtsfest?

Inzwischen war der Kaffee kalt geworden. Sollte ja bekanntlich schön machen. Doch für wen? Rita ging ins Bad und plante in Gedanken den Tag, den 23. Dezember. Was war noch zu erledigen? Die Geschäfte würden ja einige Tage geschlossen sein. Während sie sich das Parfüm an Hals und Handgelenke sprühte, brachen die Bilder vom Urlaub mit Helmut im vorigen Jahr nochmal über sie herein. Sie hatten den Duft in der Provence bei l´Occitane gekauft. Die frische Verbene hüllte sie ein. Inzwischen war sie über die Trennung hinweg. Rita lächelte ihr Spiegelbild an und sagte laut: „Na Helmut, da staunst du! Ich verwende das Parfüm nach wie vor."

Als sie gerade die Wohnung für die letzten Einkäufe verlassen wollte, hörte sie das Martinshorn und sah durch das Fenster des Treppenhauses das rotierende Blaulicht. Oh je, was war da wohl passiert so kurz vor dem Fest? Sogleich stellte sich heraus, dass Frau Edelmann, die alte Dame vom Erdgeschoss, abgeholt wurde.

„Rita, hier meine Schlüssel! Bitte schauen Sie nach dem Rechten. Es wird wohl dauern, bis ich wieder heimkomme. Danke!", rief sie ihr mit zitternder Stimme zu, bevor die Sanitäter den Rettungswagen schlossen.

Gedankenverloren erledigte Rita die Besorgungen für die Feiertage. Im Stadtmarkt ließ sie einen üppigen Obstkorb zusammenstellen. Den brachte sie ins Pfarramt für die Armenspeisung.

Auf dem Rückweg besuchte sie im Hermanfriedhof

das Grab der Eltern. Sie entzündete zwei Kerzen und machte sich schmerzlich bewusst, dass sie morgen das erste Weihnachtsfest ohne sie verbringen würde.

Daheim holte sie dann den selber geschnitzten Engel aus der Schatulle mit den Weihnachtsartikeln und hängte ihn ans Fenster. Ein bisschen festlich wollte sie nun doch die Wohnung schmücken, aber nur wenig. Und diesmal nur für sich allein. Allein würde sie morgen sein, und einsam.

Rita nahm sich das Buch zur Hand, das sie angefangen hatte zu lesen, konnte sich aber nicht darauf konzentrieren und ging schließlich ins Bett. Wirre Träume geisterten durch ihren Kopf. Am nächsten Morgen konnte sie sich nicht mehr daran erinnern.

Also, heute war der 24. Dezember. Auf dem Kalenderblatt stand unter der Zahl nur Heilig Abend, kein Spruch, kein Rezept, nichts.

Rita holte den Staubsauger aus der Abstellkammer und begann, die Wohnung sauber zu machen. So würde die Zeit sinnvoll vergehen. Gegen Mittag war alles erledigt, Geschirr gespült, Wäsche gebügelt, Blumen gegossen, Kartoffelsalat gemacht.

Dann hielt sie es daheim nicht mehr aus und besuchte den Christkindlesmarkt auf den Rathausplatz bei leichtem Schneefall. Die Flocken schmolzen sofort auf der Nase und kleine Tröpfchen bildeten sich im

Gesicht. Rita wischte sie mit dem Handschuh weg. Die hatte sie letztes Jahr von Marion bekommen, selber gestrickt. Wie es wohl gerade in Südafrika war? In jedem Fall warm.

Warm war das Stichwort. Rita kaufte sich heiße Maroni, eine Spitztüte mit fünf Stück, wie jedes Jahr. Die wohlige Wärme drang zu ihren Händen vor, angenehm und nicht zu heiß. Hektisch hetzten die Menschen um sie herum nach den ultimativen Geschenken. Kaum jemand lächelte, nicht mal am Würstchenstand. Eine Mutter schimpfte ihren Jungen heftig, weil er Senf auf den Anorak getropft hatte. Der Kleine fing daraufhin an zu brüllen in einer Lautstärke, die einem Megafon alle Ehre gemacht hätte.

An der nächsten Ecke umfing Rita Glühweinduft und die Süße von gebrannten Mandeln. Trotzdem wollte sich bei ihr keine rechte Weihnachtsstimmung einstellen.

Die Weihnachtslieder aus den Lautsprechern klangen heuer irgendwie abgedroschen. Heuer war alles anders. Heuer würde sie auch nicht in die Kirche gehen zur Christmette. Mit „dem da oben" lag sie in diesem Jahr im Clinch. Er hatte es nicht gut mit ihr gemeint. Nein, heuer war nichts Gutes passiert. Und das Jahr hatte nicht mehr viele Chancen, das zu ändern.

Rita machte sich auf den Heimweg. Würstchen und Kartoffelsalat warteten auf sie. Später wollte sie sich eine besonders gute Flasche Wein gönnen: einen Saint-Émilion Grand Cru. Sie fischte den Hausschlüssel aus der Manteltasche, öffnete die Türe und sah in den Briefkasten. Keine Post! Niemand hatte ihr geschrieben. Na, das wird ein Heilig Abend, dachte sie enttäuscht.

Genau in diesem Moment fühlte sie etwas um ihre Beine streichen und vernahm ein leises Miau. Dieses wurde lauter und hörte sich an wie Moritz. War Moritz zurückgekommen? Sie drückte den Lichtschalter und traute ihren Augen kaum - es war wirklich Moritz! Ausgehungert, struppig und verfilzt stand er vor ihr und drückte sein Köpfchen fest an ihr Schienbein.

Überglücklich sah sie ihn an. Ein dankbares Gefühl durchströmte sie. Mit Tränen in den Augen sagte sie auf Knien zu ihrem Kater:

„Willkommen daheim, mein lieber Moritz. Mit dir wird es jetzt doch ein schönes Weihnachtsfest!"

„Miau", antwortete der Kater und lief voraus die Treppe hoch.

Fröhliche Weihnachten

Gerhard Sagasser

Mitte November. Ein ungewöhnlich kalter Ostwind blies durch die Reichsstraße.

Bernd hatte dienstfrei. Ute brachte ihr Auto in die Werkstatt, ließ Winterreifen montieren und den Motor winterfest machen. Sie verließ sich darauf, dass Bernd, der sie mit seinem Auto von der Werkstatt zu ihrer Arbeitsstelle brachte, von dort nach Feierabend auch wieder pünktlich abholen würde. Schon etwas verärgert stand sie wartend am Straßenrand, als Bernd verspätet daherkam.

„Entschuldige bitte, aber der Stau!", flüsterte er Ute ins Ohr und versuchte, ihr einen Kuss auf die Wange zu geben.

„Mir ist richtig kalt. Ich stehe schon eine Viertelstunde in dem eisigen Wind und warte", fauchte Ute ihn an, „wir müssen auch noch zur Poststelle im WOHA-Kaufhaus, ein Päckchen holen."

Als Ute das in ihrer Einkaufstasche verstaut hatte, schien sie es auf einmal nicht mehr eilig zu haben. „Komm, wir schlendern noch ein bisschen durch die Etagen. In sechs Wochen ist Weihnachten."

33

Bernd, der sich noch immer dafür schuldig fühlte, dass er Ute im eisigen Wind hatte warten lassen, widersprach ihr nicht. Weil sie keine Lebensmittel brauchten, standen sie schnell auf der Rolltreppe zur nächsten Etage.

Was es doch da alles wieder zu kaufen gab. Ihre Interessen waren sehr unterschiedlich und deshalb standen beide bald an verschiedenen Ständen, bis Bernd Ute plötzlich laut lachen hörte. Als er sich nach ihr umdrehte, sah er sie eine Fleece-Mütze hochhalten.

„Ist die nicht hübsch?", fragte Ute und sah Bernd fest in die Augen. Dann legte sie die Mütze wieder in das Fach aus dem sie sie genommen hatte.

„Ja, sehr hübsch", stellte auch Bernd fest und schwieg.

Bevor sie das WOHA verließen, kaufte Bernd noch zwei Weihnachtskarten, worauf ihm die Parkgebühr erstattet wurde.

In den folgenden Tagen ließ der Wind nach. Schon an den ersten Dezembertagen begann es aber langsam zu schneien und der Schnee blieb liegen. Als er wieder ein Kalenderblatt abriss, begann Bernd sich Gedanken zu machen, was das Christkind seiner lieben Ute bringen könne. Ihm fiel manches ein, doch plötzlich funkte es in seinem Kopf.

Schon am nächsten Tag trug ihn die Rolltreppe im

WOHA in die erste Etage. Ja, es gibt sie noch, jubelte sein Herz. Zwei von den Fleece-Mützen, die Ute so gefallen hatten, warteten auf Käufer. Noch einmal schoss Bernd eine Blitzidee durch den Kopf.

Warum nicht im Partnerlook?

Er kaufte beide Mützen. Bevor die Verkäuferin sie ihm in eine Tüte steckte, setzte er sich eine auf und trat vor den Spiegel. Toll. Er sah seine Ute geradezu mit einer gleichen Mütze neben sich stehen. Wie nun aber sollte er die Mützen bis zu Heiligabend vor Ute verstecken? Frauen finden ja immer alles in ihrer Wohnung, Männer aber oft nicht einmal mehr das, was sie versteckt haben. Deshalb vertraute er die Mützen seiner im gleichen Haus wohnenden Mutter an. Die packte sie in sehr unterschiedliche Schachteln, sodass man einen gleichen Inhalt nicht vermuten konnte und schrieb auf eine ‚Bernd' und die andere ‚Ute'.

Am Heiligabend, nachdem Ute, Bernd und seine Mutter die Christmette besucht und am Familiengrab noch eine Kerze angezündet hatten, gingen sie gemeinsam ins Esszimmer. Mutter schlich schnell noch mal ins Wohnzimmer und legte auch die ihr von Bernd anvertrauten Weihnachtsgeschenke unter den Tannenbaum. Dann folgte ihr Ute und als letzter Bernd, der auch die Kerzen anzündete.

Nach dem Essen traten alle drei unter den Weihnachtsbaum und gedachten im Gebet derer, die nicht mehr waren. Nachdem sie sich einander umarmt und ein frohes Fest gewünscht hatten, riet ihnen Mutter, einmal unter dem Baum nachzusehen, was das Christkind dort wohl abgelegt hatte. Bernd bückte sich als erster und griff nach einer Schachtel, auf der sein Name stand. Ute und Mutter zögerten, ermutigten Bernd aber: „Nun mach schon auf."

Bernd öffnete das Päckchen und da hielt er eine Fleece-Mütze in der Hand. Eine, die er ja doch selbst gekauft und die ihm Mutter eingepackt hatte.

Ute machte ein ernstes Gesicht. Wer hatte die Mütze umgepackt? Nun war sie selbst an der Reihe. ‚Ute' stand auf dem mit Weihnachtspapier nicht von ihr selbst umwickelten Päckchen. Heraus kam die Fleece-Mütze, die ihr im WOHA so gut gefallen, die sie aber doch nicht in dieses Weihnachtspapier eingepackt hatte. Erstaunt und sprachlos sah sie Bernd an, der sie jetzt anlächelte.

Weiter lächelnd griff Bernd nach dem zweiten Päckchen, auf dem sein Name geschrieben stand. Als er es öffnete, erstarrte sein Lächeln. Mit offenem Mund sah er Ute an, der es die Sprache verschlagen zu haben schien. Sie bückte sich aber nach dem letzten für sie unter dem Baum liegenden Karton. Geradezu mit Eifer riss sie ihn auf, nahm die darin verborgene Fleece-Mütze raus, zog sie sich über den Kopf, sprang Bernd förmlich an, umarmte und küsste ihn. Als sie ihn endlich wieder frei gab, lachten alle schallend.

Ute hatte der Partnerlook-Gedanke schon beim gemeinsamen Bummel durchs WOHA erfasst, ihn aber für sich behalten. Um Bernd damit an Weihnachten überraschen zu können, hatte sie schon einen Tag später zwei Mützen gekauft.

Mutter, die ihre Kinder mit je einer Mütze auf dem Kopf und einer in der Hand vor sich stehen sah, meinte fröhlich: „Ach Kinder, möge das doch ein gutes Omen sein und ihr immer so eines Sinnes bleiben wie in dieser Weihnachtszeit."

Schwarz und Weiß

Günter Schäfer

Es war kurz vor Weihnachten. Emmili lief die Einkaufsstraße entlang. Sie hatte sich sehr warm eingepackt in Mantel und Stiefel, dazu trug sie Handschuhe und eine gestreifte Wollmütze. Ihr rotblonder Haarschopf war kaum zu erkennen, so tief hatte sie sich die Mütze ins Gesicht gezogen. Ein eisig kalter Wind blies ihr um die Nase.

„Nicht mehr lange, dann wird es Schnee geben", dachte sie sich. Eigentlich hatte sie ja gerade in der Weihnachtszeit eine ganze Menge zu tun. Aber im Moment sah es fast so aus, als würde es überhaupt kein Sorgenkind geben.

„Emmili", sagte sie zu sich selbst, „sei doch zufrieden, wenn es so ist!" Doch irgendwie passte ihr das Ganze doch nicht so recht. Denn wer Emmili kannte, der wusste auch, dass es sozusagen ihre Aufgabe war, vor allem Kindern bei ihren Sorgen, Ängsten und Problemen zu helfen. Und einfach nur herumzusitzen oder spazieren zu gehen lag ihr nun einmal ganz und gar nicht. Sie blieb vor dem festlich dekorierten Schaufenster eines Geschäftes stehen.

Allerlei Spielsachen waren dort zu sehen. Wenn man so davor stand, konnte man sich im ersten Moment für gar nichts entscheiden, so groß war das Angebot. Sogar auf den Gedanken Weihnachtsmann zu spielen war Emmili schon gekommen. Ihr fiel dabei allerdings ein, dass sie dafür doch ein wenig zu klein geraten war. Sie konnte zwar mit Hilfe ihrer Gedanken so manches fertigbringen, aber Zauberei? Nein, das ging nun doch nicht. Sie war wütend vor Langeweile. So kannte sich Emmili selbst gar nicht.

„Wenn ich nicht gleich jemanden finde, dem es schlecht geht, dann friere ich hier noch fest", schimpfte sie vor sich hin. Dabei stampfte sie abwechselnd von einem Bein auf das andere. Es war inzwischen aber auch wirklich unangenehm kalt geworden.

„Fehlt dir etwas, meine Kleine?", vernahm sie plötzlich eine Frauenstimme neben sich.

Emmili zuckte zusammen, als hätte man ihr einen Eimer kaltes Wasser in den Kragen geschüttet. Sie drehte sich zur Seite. Sie war so sehr in Gedanken gewesen, dass sie die beiden Frauen gar nicht bemerkt hatte. Sie standen direkt neben ihr und unterhielten sich nun über Emmili.

„Vielleicht hat sie sich ja verlaufen und nun findet sie ihre Eltern nicht mehr", meinte die eine. „Oder sie hat gar keine mehr", gab die andere zurück. „Dann sollten wir das arme Ding aber schleunigst zur Polizei bringen, oder noch besser ins Waisenhaus. Das wäre doch genau der richtige Platz für sie. Gerade jetzt so kurz vor Weihnachten."

Emmili hatte auf einmal eine Idee. „Könnten sie mir vielleicht sagen, wo sich das Waisenhaus befindet? Ich bin nämlich gerade auf dem Weg dorthin." Ihr war bei dem Gespräch der beiden Frauen etwas eingefallen. Wenn es irgendwo ein Kind gab, das Kummer hatte, dann ganz bestimmt in einem Waisenhaus. Sie bekam den Weg erklärt, es schien gar nicht weit zu sein.

Also nichts wie hin, dachte sie sich und sagte zu den beiden Damen noch: „Vielen Dank, und auf Wiedersehen." Sie marschierte los und hörte dann nur noch, wie jemand sagte: „Komische Kleine! Wenn die nur keinen Unsinn macht!"

Unsinn? Nein, den hatte Emmili sicher nicht im Kopf. Sie wunderte sich nur etwas über sich selbst. Es war eigentlich nicht ihre Art, so einfach darauf loszugehen. Sonst hatte sie immer ein ganz besonderes Gefühl, wenn sie wieder einmal irgendwo gebraucht wurde.

Am Himmel hatte sich inzwischen die Sonne durch die Wolkendecke gekämpft. Allerdings besaß sie nicht mehr die Kraft, um es richtig warm werden zu lassen.

Emmili sah ein Schild, das ihr den Weg zum Waisenhaus deutete. Sie kniff die Augen zusammen, als sie nach oben blickte. Die Sonnenstrahlen kitzelten sie in der Nase, und sie musste niesen. Als sie dann nach einiger Zeit das Gelände des Waisenhauses erreicht hatte, war dieses untrügliche Gefühl in ihr wieder da. „Also scheine ich hier irgendwie doch richtig zu sein", stellte sie zufrieden fest.

Vor dem Gebäude befand sich ein großer Garten. Darin waren zwischen einigen kahlen Bäumen allerlei Spielgeräte aufgestellt. Ein Sandkasten war vorhanden, Klettergeräte, verschiedene Schaukeln und auch eine Rutsche. Ein älterer Mann, Emmili vermutete, dass es der Hausmeister war, baute gerade die Sitzbänke ab. Es war inzwischen auch zu kalt, um sich noch längere Zeit draußen hinzusetzen. Außer diesem Mann waren noch einige Kinder im Garten.

Emmili sah auch eine ältere Dame. Sie war anscheinend zur Aufsicht der Kinder dabei. Eine Person aber fiel ihr ganz besonders auf. Es handelte sich um einen Jungen. Sein Alter war schlecht abzuschätzen. Emmili sah ihn sich eine Weile an. Er mochte vielleicht zehn oder elf Jahre alt sein, möglicherweise aber auch etwas älter.

Er war dunkelhäutig. Sein krauses Haar war sehr kurz geschnitten. Er trug einen rot-weißen Skioverall, der ihn vor der Kälte schützte, und ein breites Stirn-band um die Ohren. Irgendwie wirkte er lustlos und ein wenig bedrückt, denn er hatte sich abseits von allen anderen an die Rutsche gelehnt und starrte in die Gegend. Einmal schaute er kurz zu Emmili herüber, schien sie aber gar nicht richtig wahrzunehmen.

Emmili sah sich die anderen Kinder etwas genauer an. Sie erkannte nun, dass dieser Junge der einzige dunkelhäutige war. Ihr wurde nun auch klar, warum er so alleine dastand. Er fühlte sich bestimmt wegen sei-ner Hautfarbe ausgestoßen. Nicht eines der übrigen Kinder machte auch nur den Versuch, ihn zum Spie-len zu holen und Emmili dachte sich sofort, dass hier schleunigst etwas geschehen musste. Aber was? Und wie?

Sie lief einige Schritte auf und ab und dachte ange-strengt darüber nach. Plötzlich hatte sie eine Idee. Wenn es nur ein einziges Kind mit dunkler Hautfarbe im Waisenhaus gab, dann musste eben noch ein zwei-tes hinein. Aber woher? Sie grübelte und grübelte, dann grinste sie mit einem Mal vor sich hin. Ja, genau so würde sie es machen! Da würden die anderen ganz schön komisch aus der Wäsche gucken. Um ihr Vor-haben durchzuführen, musste sie aber zuerst noch einige Vorbereitungen treffen. Also machte sie sich wieder auf den Weg zurück in die Stadt. Sie wollte morgen wiederkommen.

Am Tag darauf ertönte die Türglocke des Waisenhauses. Frau Bergler, die Leiterin, ging, um zu öffnen. Ihre Augen wurden riesengroß, als sie sah, wer sich dort vor der Türe eingefunden hatte. Vor ihr stand ein Mädchen. Rotblondes Haar, dunkelhäutig. Vielleicht ein Mischlingskind? Nein. Das passte irgendwie nicht zusammen. Dunkle Haut, und dann diese Haarfarbe?

Frau Bergler war irritiert. Sie wusste im ersten Moment gar nicht, was sie sagen sollte. Emmili aber grinste in sich hinein.

Überraschung gelungen, dachte sie sich. *Aber jetzt bloß nicht verplappern.*

„Ja bitte?" Frau Bergler hatte sich nun wieder in der Fassung, und setzte ihre Brille ab. „Was kann ich denn für dich tun, mein Kind?"

„Ich bin die Emmili. Und ich soll hier wohnen. Weil doch bald Weihnachten ist und ich ja sonst niemanden habe, bei dem ich bleiben könnte."

Emmili sagte dies alles mit einer so sehr weinerlichen Stimme, dass sie fast noch selbst glaubte, was sie dieser Dame hier vorflunkerte. Andererseits musste sie sich doch auch sehr zusammennehmen, um dabei nicht einfach loszulachen.

Sie dachte zurück an gestern. Da war ihr doch dieser grandiose Einfall gekommen. Sie wollte sich bei

Gelegenheit dafür noch selbst auf die Schulter klopfen. Da sie ja keine dunkle Hautfarbe hatte, musste sie sich eben eine 'besorgen'. Und wie macht man dies am besten? Genau! Anmalen! Sie war zurück in die Stadt gegangen und hatte sich in einer Drogerie dunkle Kosmetikfarbe besorgt. Die Verkäuferin war ganz schön erstaunt, als Emmili ihr sagte, wie viel sie davon bräuchte. Aber nachdem sie erzählte, sie brauche es für das Waisenhaus, bekam sie dann auch, wonach sie verlangt hatte.

„Du armes Ding", hörte sie Frau Bergler nun sagen. „Na, dann komm doch erst einmal herein. Aber wo ist denn deine Begleitperson geblieben? Du bist doch wohl nicht etwa alleine hierhergekommen?"

„Äh, doch. Ich bin alleine hier", sagte Emmili nun doch etwas verlegen. Sie hatte ja keine Ahnung gehabt, dass Kinder nicht alleine ins Waisenhaus gehen. Ihr war es gar nicht wohl dabei, immer auf diese kleinen Notlügen zurückgreifen zu müssen. Das war eigentlich gar nicht so ihr Fall. Aber manchmal sah sie eben keine andere Möglichkeit. Schließlich ging es ja um eine gute Sache, aber davon wollte sie nichts verraten. Vielleicht konnte sie die Geschichte ja bei Gelegenheit aufklären. Sie nahm es sich auch ganz fest vor, und somit hatte sie ihr schlechtes Gewissen auch wieder ein wenig beruhigt.

Frau Bergler führte sie nun in ihr Büro und setzte sich an ihren Schreibtisch. Zuerst musste der Papierkram erledigt werden. So war das nun einmal. Sie holte einen Bogen Papier heraus, spannte ihn in die Schreibmaschine, die vor ihr stand, und blickte dann auf Emmili.

„Du heißt also Emmili?"

„Ja, sagte ich das nicht schon?"

Frau Bergler lächelte. „Doch. Und weiter?"

„Wie, weiter?", wiederholte Emmili.

„Na, deinen Nachnamen. Du wirst doch wohl einen Nachnamen haben, oder?"

„Keine Ahnung", sagte Emmili, „weiß ich nicht."

„So etwas", murmelte Frau Bergler leise vor sich hin, „nicht einmal ihren Nachnamen weiß die Kleine." Dann fragte sie weiter. „Und wo kommst du her? Ich meine, wo warst du denn bis jetzt?"

„Ach, mal hier, mal da", antwortete Emmili. Und das war nun ja nicht einmal gelogen. Sie war eigentlich immer da, wo sie gerade gebraucht wurde.

„Seltsam", murmelte Frau Bergler nun wieder. „Sehr seltsam." Sie machte sich auch noch einige andere Notizen, dann erhob sie sich von ihrem Stuhl. „Na, dann wollen wir einmal sehen, wo wir dich unterbringen können. Komm mal mit! Wir werden sicher einen schönen Platz für dich finden."

46

Emmili wollte vor lauter Ungeduld schon fast mit ihrem Anliegen herausplatzen. Doch jetzt war noch nicht der richtige Zeitpunkt dafür. „Hoffentlich können mich die anderen Kinder auch leiden", sagte sie mit gespielter Sorge. „Schließlich bin ich ja doch anders als sie."

„Keine Angst, das werden wir schon hinkriegen", versuchte Frau Bergler sie zu beruhigen. Dabei lächelte sie etwas seltsam, doch Emmili konnte sich gar nicht denken, warum. „Wir haben hier bei uns auch jemanden, der ein wenig *anders* ist."

„Ja?", fragte Emmili, und versuchte sehr überrascht zu klingen.

„Ja. Wir haben noch jemanden, der *fast* so ist wie du. Auch er ist *dunkelhäutig,* und leider ist er auch mein Sorgenkind hier."

„Wieso denn das?", fragte Emmili.

„Na ja. Die anderen Kinder scheinen ihn nicht besonders zu mögen. Weil er eben anders aussieht als sie selbst."

„Aber das ist doch kein Grund, jemanden nicht zu mögen, nur weil er eine andere Hautfarbe hat."

„Du scheinst mir ja ein sehr kluges Mädchen zu sein", meinte Frau Bergler. „Ich bin mir sicher, dass ihr beide euch sehr gut verstehen werdet. Vielleicht gelingt es euch ja zu zweit, Anschluss an die anderen zu finden."

„Mal sehen", sagte Emmili nur. „Wo ist er denn?"

„Du wirst später alle Kinder kennenlernen. Zunächst möchte ich dir dein Zimmer zeigen, wo du deine Sachen ablegen kannst, und wo du auch schlafen wirst."

Emmili wurde in ein Zimmer geführt, in dem nur ein einziges Bett stand. Dazu ein Schrank, ein Tisch, zwei Stühle und ein großes Regal.

„Komme ich denn nicht zu den anderen Kindern?", fragte Emmili erstaunt.

Frau Bergler sagte: „Der große Saal ist leider voll belegt. Dies hier ist sozusagen unser Zimmer für den Notfall. *Und dies ist doch sicher ein Notfall, oder täusche ich mich?*" Wieder lächelte sie so seltsam, dass Emmili sich keinen Reim darauf machen konnte.

„Ja, irgendwie schon", gab sie zur Antwort.

„Na, dann verstau jetzt erst einmal deine Sachen im Schrank und finde dich etwas zurecht! In einer halben Stunde gibt es Mittagessen. Dann hole ich dich hier wieder ab, um dich den anderen Kindern vorzustellen. Bis nachher also."

„Bis nachher", gab Emmili zurück. Sie setzte sich auf das Bett und dachte nach. Ob die wohl etwas ahnte? Man könnte es fast meinen. „Ach was", sagte Emmili leise zu sich. Eine halbe Stunde später klopfte es an die Zimmertüre. Emmili hatte am Fenster gestanden und in den Garten hinunter gesehen. Sie wollte nach diesem Jungen Ausschau halten, konnte ihn aber nirgendwo entdecken. Als sie das Klopfen vernahm, ging sie zur Türe und öffnete. Frau Bergler stand draußen. „Komm, Zeit zum Mittagessen!", meinte sie, „und auch Zeit, dich den anderen vorzustellen."

Sie gingen zusammen durch einen langen Flur, blieben dann vor einer großen Türe stehen. „Dies hier ist unser Speisesaal", hörte Emmili. Hinter der Türe war allerlei Stimmengewirr zu vernehmen. Frau Bergler öffnete.

Als sie mit Emmili den Saal betrat, verstummten augenblicklich alle Gespräche. Es herrschte auf einmal Totenstille. Alle Gesichter waren auf Emmili gerichtet. Dann fingen die ersten Kinder an zu tuscheln. Manche zeigten dabei mit den Fingern auf sie herüber. Emmili vernahm nun einige Wortfetzen wie:

„Schon wieder eine Schwarze!", oder „Oh Gott!", und einige lachten sogar.

Emmili schluckte. So schlimm hatte sie es gar nicht erwartet. Natürlich dachte sie sich, dass man sie nicht mit Pauken und Trompeten begrüßen würde. Aber dass es so schlimm sein würde, das hatte sie dann doch nicht geglaubt.

Aus der letzten Reihe stand plötzlich jemand auf. Emmili sah, dass es sich dabei um den Jungen handelte, wegen dem sie hier war. Er kam geradewegs auf sie zu und reichte ihr die Hand. Emmili lächelte. Er lächelte zurück.

„Ich freue mich, dass du da bist", sagte er freundlich zu ihr.

„Ich freue mich auch", sagte Emmili. Dann nahm sie der Junge an die Hand und führte sie zu seinem Platz. Nun saß er endlich nicht mehr alleine an seinem Tisch in der letzten Reihe. Auf dem Weg dorthin kam sich Emmili vor, als würden sie auf einer wackeligen Brücke laufen. Sie hörte nun wieder einige hässliche Sätze der anderen Kinder. Allerdings nur ziemlich leise. Die Kinder wussten nämlich, dass Frau Bergler sehr ärgerlich werden konnte, wenn man über andere lästert. Doch Emmili konnte es trotzdem deutlich hören.

„Sieh nur, da haben sich ja zwei gesucht und gefunden."

„Wie zwei Mohrenköpfe", sagte eine andere Stimme. Emmili fand das alles furchtbar gemein. Sie regte sich wahnsinnig darüber auf. *Ich werde euch schon helfen*, dachte sie sich. *Wartet nur ein wenig ab.* Sie setzte sich auf den Platz, der ihr zugeteilt wurde und begann zu essen, bevor sie vor Wut noch platzen musste.

Frau Bergler hatte in der Zwischenzeit die Situation beobachtet. Sie freute sich, dass sich die Neue mit ihrem 'Sorgenkind' auf Anhieb so gut verstand. Eigentlich hatte sie aber auch gar nichts anderes erwartet. Schon als Emmili am Vormittag angekommen war, spürte sie, dass dieses Mädchen etwas ganz Besonderes sein musste. Sie konnte sich zwar nicht genau erklären, warum sie dieses Gefühl hatte, aber es war nun einmal da. Und nun wollte sie auch beobachten, wie die Dinge ihren Lauf nehmen würden. Warum sollte es so kurz vor Weihnachten nicht auch einmal ein kleines Wunder geben?

Nach dem Mittagessen begab sich Emmili wieder auf ihr Zimmer. Sie dachte über das Erlebte nach. Der Junge hatte sich beim Essen als Thomas vorgestellt. Er erzählte Emmili, dass seine Eltern beide bei einem Verkehrsunfall gestorben waren. Man hatte überall nach Verwandten gesucht, die Thomas aufnehmen könnten. Leider musste man feststellen, dass es hier niemanden gab. Und so war er in dieses Waisenhaus gekommen. Er hatte sich bei Frau Bergler auch gleich sehr wohl gefühlt. Aber als die anderen Kinder bemerkten, wie liebevoll diese sich am Anfang um ihn kümmerte, da beschlossen sie, ihn in Zukunft zu meiden.

„Und so bin ich eben ziemlich allein hier", hatte

Thomas zu Emmili gesagt. „Mir ist das überhaupt nicht recht. Ich würde viel lieber mit den anderen Kindern zusammen sein. Aber die wollen alle nichts von mir wissen. Und dir wird es wahrscheinlich genauso ergehen."

„Das wollen wir doch erst einmal abwarten!", hatte Emmili zu ihm gesagt. „Ich glaube, die werden noch ganz schön doof aus der Wäsche schauen. Spätestens an Heilig Abend."

„Wieso denn ausgerechnet an Heilig Abend?", wollte Thomas von ihr wissen.

„Lass dich mal überraschen!" Mit diesem Satz hatte sich Emmili von ihm verabschiedet. Sie hatte es nun sehr eilig. Sie musste unbedingt mit Frau Bergler sprechen und stand kurze Zeit später vor ihrem Büro. Sie schaute zuerst noch in den Spiegel, der neben der Türe an der Wand hing.

„Emmili, Emmili", sagte sie zu sich selbst, als sie sich darin betrachtete. „Oh Mann, du siehst bescheuert aus!" Dabei musste sie schmunzeln. „Aber wenn's hilft, dann bin ich gerne mal bescheuert." Sie zupfte sich zuerst noch ein wenig ihren Wuschelkopf, bevor sie anklopfte.

„Herein!" Sie erkannte die Stimme von Frau Bergler, und so trat sie ein. „Ah, Emmili. Was gibt's denn Dringendes?"

Emmili betrachtete sie eine ganze Zeit lang, bevor sie zu sprechen anfing. „Nun bin ich noch nicht lange hier und schon habe ich ein Problem. Ich bin aber sehr zuversichtlich, dass ich es auch lösen kann." Ihre Stimme klang sehr von sich überzeugt.

„Soso. Dann lass doch mal hören, womit ich dir helfen kann." Frau Bergler lächelte wieder, während sie dies sagte.

„Eigentlich möchte ich ja nicht darüber reden. Aber ich bin mir ganz sicher, dass sie auch damit einverstanden wären, wenn ich es ihnen sagen würde. Aber es geht nicht."

„Das klingt ja sehr geheimnisvoll", meinte Frau Bergler. „Aber wie soll ich dir denn helfen, wenn du mir nicht verraten willst, worum es sich handelt?"

Emmili überlegte. Sie befand sich in einer kleinen Zwickmühle, suchte verzweifelt nach einem Ausweg. Wie sollte sie es erklären, ohne ihren Plan zu verraten?

Frau Bergler merkte, wie es in Emmilis Kopf arbeitete. Sie schien etwas ganz Besonderes vorzuhaben. Und ihre Gefühle in Bezug auf Kinder täuschten sie nur äußerst selten. Sie hatte darin schließlich schon seit langen Jahren große Erfahrung.

„Also", begann sie zu sprechen, „dann sag mir einfach, was ich für dich tun kann."

„Es ist doch nicht mehr weit bis Heilig Abend",

begann Emmili. „Und ich möchte gerne von ihnen wissen, wer die Geschenke an die Kinder austeilt."

„Wir machen es immer so", bekam sie zur Antwort. „Während die Kinder zu Abend essen, werden in unserem großen Spielzimmer die Geschenke unter dem Christbaum aufgebaut. Danach gehen wir in unsere Kapelle, und ich lese den Kindern die Weihnachtsgeschichte vor. Wir singen Weihnachtslieder, anschließend dürfen dann die Geschenke ausgepackt werden."

„Und der Weihnachtsmann?", fragte Emmili. „Kommt denn der Weihnachtsmann nicht?"

„Ja, das ist so ein Problem", sagte Frau Bergler. „Die größeren Kinder wissen genau, wie das ist mit dem Weihnachtsmann. Wenn du verstehst, was ich meine."

„Klar!", sagte Emmili, „aber dann muss man sie eben davon überzeugen, dass es auch anders sein kann."

Frau Bergler war sehr erstaunt über das, was sie von Emmili zu hören bekam. Irgendwie hatte sie wieder dieses untrügliche Gefühl, dass da kein kleines Kind vor ihr stand. Aber sie wollte Emmili auch nicht dazu drängen, ihr ganzes Vorhaben verraten zu müssen. Sie war davon überzeugt, dass sie sehr genau wusste, was sie tun wollte.

Emmili unterdessen hatte auf einmal für sich beschlossen, Frau Bergler doch in ihren Plan einzuweihen. Sie erklärte ihr nun alles ganz genau, was sie vorhatte. Als sie ihren letzten Satz zu Ende gesprochen hatte, sah Frau Bergler sie mit großen Augen an. Sie konnte gar nicht glauben, was sie eben gehört hatte. Doch sie war auch davon überzeugt, dass es eine sehr gute Möglichkeit war, den Kindern die Augen zu öffnen.

„Also gut. Ich bin einverstanden mit dem, was du tun willst, Emmili. Und ich finde diesen Gedanken einfach toll."

Heilig Abend!

Es hatte vor ein paar Tagen angefangen zu schneien, und so waren eigentlich alle in der richtigen Stimmung für das Weihnachtsfest. Die Kinder saßen mit Frau Bergler im Speisesaal und waren alle schon sehr aufgeregt. Jeder fragte sich, was wohl in diesem Jahr für ihn unter dem Christbaum liegen würde. Nur einer war nicht so begeistert. Thomas saß wieder einmal alleine am Tisch. Er schien sehr traurig zu sein.

Auch an diesem Weihnachtsfest würde er, nachdem er sein Geschenk ausgepackt hatte, wieder alleine irgendwo in einer Ecke sitzen und damit spielen. Als dann die Weihnachtsgeschichte und das Singen beendet waren, bat Frau Bergler alle um etwas Ruhe. Die Kinder verstummten, und sie begann zu sprechen.

„In diesem Jahr wird es ein ganz besonderes Weihnachtsfest geben!", sagte sie. „Manche von euch werden vielleicht überrascht sein, andere auch ein wenig enttäuscht. Aber ein jeder von euch wird zufrieden sein mit dem, was kommen wird." Damit beendete Frau Bergler ihre kleine Ansprache. Danach begaben sich alle in das Spielzimmer. Der Tannenbaum stand so wie jedes Jahr, prächtig geschmückt, an seinem gewohnten Platz. Das große Licht war ausgeschaltet, und auch sonst war fast alles so wie gewohnt. Aber eben nur fast. Denn es lagen diesmal keine Geschenke unter dem Baum.

Die Gesichter der Kinder verrieten ihre Enttäuschung. Keine Geschenke? Was war los? Hatte man sie etwa vergessen? Das wollten sie gar nicht so recht glauben. Doch was hatte Frau Bergler vorhin gesagt? Ein ganz besonderes Weihnachtsfest. Aber ganz ohne Geschenke? Nein, das war doch überhaupt kein Weihnachten. Frau Bergler bemerkte die Enttäuschung der Kinder sehr wohl. Niemand wusste, wie er sich nun verhalten sollte.

Emmili indessen hatte sich neben Thomas gestellt und wartete ab, was geschehen würde. Sie sah hinüber zu Frau Bergler, die sie geheimnisvoll wissend anlächelte. Sie nickte ein wenig mit dem Kopf. Aber nur so viel, dass Emmili allein es mitbekam. Ein stummes Einverständnis herrschte zwischen ihnen. Die Kinder machten inzwischen ihrer Enttäuschung Luft. Das Gemurmel unter ihnen wurde immer lauter und aufgeregter, bis plötzlich …

Mit leisen Schritten war jemand durch die Türe ins Spielzimmer gekommen. Zuerst hatte es kaum einer bemerkt. Dann jedoch richteten sich nach und nach die Augen der Kinder auf die Gestalt, die den Raum betreten hatte. Es war fast so, wie es in den Weihnachtsmärchen immer beschrieben wurde.

Eine große, rot-weiß gekleidete Gestalt stand auf einmal mitten im Zimmer. Einige der Kinder rieben sich ungläubig die Augen. Andere wollten schon anfangen zu lachen, aber aus irgendeinem Grund, den sie sich nicht erklären konnten, ließen sie es lieber bleiben. Diese Gestalt, dieser Jemand, der dort stand, sah aus wie der Weihnachtsmann. Aber doch irgendwie ganz anders, nämlich … **schwarz**!!!

Stumm und mit riesengroßen Augen starrten alle wie gebannt zur Türe. Und dann begann der *Weihnachtsmann* zu sprechen.

„Wie ich sehe, habt ihr mich anscheinend gar nicht erwartet. Oder habt ihr etwa geglaubt, dass ich euch

vergessen hätte? Dann muss ich euch aber enttäu-
schen. Der Weihnachtsmann vergisst niemanden.
Nicht die Armen und nicht die Reichen. Nicht die
Kleinen und auch nicht die Großen." Und mit einem
ganz besonderen Blick auf Thomas fügte er noch hin-
zu. „Auch nicht die Schwarzen, die Weißen oder sonst
irgendjemanden."

Die Kinder waren wie vor den Kopf geschlagen.
Einige starrten ungläubig auf die große Gestalt vor
ihnen. Andere blickten nur ängstlich oder auch ver-
schämt zu Boden. Nur einer hatte in diesem Moment
ein strahlendes Gesicht, nämlich Thomas. Aber auch
Emmili und Frau Bergler waren mit der Reaktion der
Kinder sehr zufrieden. Diese machten sich anschei-
nend alle ihre Gedanken und das war in diesem Mo-
ment auch gut so. Dann hörten alle wieder die dunkle
Stimme vom 'schwarzen Weihnachtsmann'.

„Alle eure Geschenke liegen draußen auf meinem
Schlitten. Ihr dürft sie euch nachher holen. Es ist für
jeden von euch ein Päckchen dabei. Außer für
Thomas."

Alle Augen richteten sich nun auf den dunkelhäuti-
gen Jungen. Diesem stand die Enttäuschung ins Ge-
sicht geschrieben. Es war fast so, als würden ihm jeden
Moment die Tränen aus den Augen kommen. Die
Kinder hatten plötzlich alle Mitleid mit ihm. Es schien

ihnen auf einmal nicht recht zu sein, dass ausgerechnet er kein Geschenk erhalten sollte. Sie hatten doch eben gehört, dass niemand vergessen werden würde. Warum also dann ausgerechnet er? Die Antwort wurde ihnen sogleich gegeben.

„Ich habe nicht gesagt, dass er kein *Geschenk* bekommen würde", hörten sie. „Ich habe sehr wohl eine Überraschung für dich, Thomas." Mit diesem Satz deutete der 'Weihnachtsmann' auf die Türe hinter sich, durch die gerade eine Frau hereingekommen war. Sie war ebenfalls dunkelhäutig, und ging nun zusammen mit Frau Bergler auf Thomas zu. Dieser schien zu ahnen, was ihn erwartete.

„Wenn du möchtest, Thomas, dann hast du ab heute eine neue Familie, und auch ein neues Zuhause."

Thomas vernahm dies alles wie durch einen Nebel gesprochen. Eine neue Familie? Ein neues Zuhause? Jetzt liefen ihm doch noch die Tränen über das Gesicht, allerdings vor Freude. „Ja, das möchte ich sehr gerne", gab er zur Antwort und fiel einem nach dem anderen um den Hals.

Die Kinder, die bis jetzt wie angewurzelt auf ihren Plätzen gesessen hatten, klatschten nun alle begeistert in die Hände. Frau Bergler sah Emmili an.

„Was für ein Mädchen!", dachte sie sich. Emmili

war nämlich bis Heilig Abend unterwegs gewesen und hatte ganz allein eine neue Familie für Thomas gesucht. Es gelang ihr sogar, eine mit gleicher Hautfarbe zu finden. Der Mann hatte sich dann auch noch dazu bereit erklärt, dass er den Weihnachtsmann spielen sollte, so gut hatte ihm Emmilis Plan gefallen.

Diese war nun sehr zufrieden mit sich. Sie blickte zu Frau Bergler hinüber. Auch diese hatte ein paar Tränen in ihren Augen. Sie ging zu Emmili und nahm sie ohne ein Wort ganz fest in den Arm. Es war auch gar nicht notwendig, irgendetwas zu sagen. Sie wussten schließlich beide, dass es ein gelungenes Weihnachtsfest war.

Der schönste Augenblick

Günter Schäfer

Nachts am Himmel sieht man Sterne,
ein ganz großer mittendrin.
Er leuchtet seltsam in der Ferne,
will, dass alle mit ihm zieh'n.

Kerzenschein in allen Häusern,
Lichterglanz am Weihnachtsbaum.
Ein geheimnisvoller Duft
zieht sich hin durch jeden Raum.

Überall sind Kinderaugen,
riesengroße, kugelrunde.
Voll Ungeduld erwarten sie
eine ganz gewisse Stunde.

Warten bis es dunkel wird,
viel zu lange ist's noch Tag.
Immer wieder dann die Frage:
Was' Christkind mir wohl bringen mag?

Hat es meinen Brief gelesen?
Auf dem Zettel stand so viel.
Ach, wie lange das doch dauert.
Warten ist kein Kinderspiel.

Erst geht's zur Kirche, dann noch essen,
doch ist mein Hunger gar nicht groß.
Hast am Ende mich vergessen?
Ach Christkind, sag: Wo bleibst du bloß?

Dann wird es still im ganzen Raum,
es erklingen Weihnachtslieder.
Wir singen unterm Tannenbaum
zusammen: Alle Jahre wieder.

"Husch, husch, ab ins Kinderzimmer",
ruft die Mutter uns dann zu.
"Wenn's Christkind kommt euch zu bescheren,
braucht's vor allem seine Ruh'."

Wir lauschen heimlich an der Türe,
steh'n zusammen, dicht gedrängt.
Schade, man kann gar nichts sehen,
das Schlüsselloch ist zugehängt.

Dann öffnet langsam sich die Türe,
endlich, endlich ist's soweit.
Hell erstrahlt der Gabentisch.
Oh, du schöne Weihnachtszeit.

Riesengroß sind alle Augen.
Freudestrahlend, voller Glück.
Weihnachtszeit ist für die Kinder
stets der schönste Augenblick.

Eine schöne Bescherung

Sonja Strobel

Leise plätschert der Regen auf die Straße und die Dächer der Häuser. Susanne räkelt sich behaglich auf ihrem Diwan und reibt sich den Mittagsschlaf aus den Augen.

Obwohl heute schon der 24. Dezember ist, hat sie sich Zeit für ein Nickerchen genommen. Sie ist schon bestens vorbereitet für das Weihnachtsfest. Die Wohnung ist geputzt, Plätzchen und Stollen sind gebacken, die Geschenke liebevoll verpackt und der Christbaum steht reich geschmückt samt Krippe im Nebenzimmer.

Alles ist für die Bescherung am Abend bereit.

Doch was nun auf Susanne und ihren Mann, der noch in seinem Hobbyraum herumkramt, zukommt, damit haben die beiden nicht gerechnet. Sie freuen sich auf den raren Besuch ihres Sohnes mit seiner Frau Maren und den drei Enkeln.

Plötzlich läutet es Sturm an der Haustür. Susanne schnellt wie eine Rakete in die Höhe und ruft: „Oh, ihr seid schon da, ich habe euch gar nicht kommen hören!"

„Ich weiß gar nicht, was mit mir los ist", klagt ihr

Sohn Kurt schon im Flur beim Öffnen der Wohnungstür, „mir ist so flau im Magen."

Ohne eine weitere Begrüßung rennt er in Richtung WC. Gleich darauf bestätigen würgende Geräusche sein Unwohlsein.

Erst jetzt entdeckt Susanne den Rest der Familie. Maren blickt sie entschuldigend an und meint achselzuckend: „Jetzt hat der Magen-Darm-Virus auch den Kurt erwischt. Aber keine Sorge, in ein, zwei Tagen ist der unschöne Spuk vorbei. Wir anderen haben diese Prozedur gerade hinter uns."

Die kleine Anna grinst wissend und lacht, als die Zwillinge Peter und Paul ihrer Oma zur Begrüßung um den Hals fallen.

„Stell dir vor Oma, der Papa hat bestimmt zu viel Bratwürste gegessen und jetzt ist ihm schlecht! Bei uns war das auch so!"

Die Augen verdrehend seufzt Susanne: „Na prima, dann gibt es heute zur Brotzeit keine obligatorischen Bratwürste, sondern stattdessen Butterbrot und Anis-Fenchel Tee für alle." Und zu ihrem käseweißen Sohn Kurt gewandt: „Du legst dich am besten gleich mit einer Wärmeflasche aufs Sofa und fastest."

„Sind die Kinder schon da?" Opa Hans schnauft die Kellertreppe herauf. „Dann werde ich mich mal säubern und zum Essen umziehen."

Er stapft ins Bad und summt leise eine weihnachtliche Melodie dabei. Wasser rauscht und plötzlich hören sie ihn laut schimpfen: „Auch das noch! Ausgerechnet heute, so eine Schweinerei!"

Erschrocken eilt Susanne zum Bad und ruft durch die Tür: „Ist was passiert?"

„Das kann man wohl sagen", bibbert ihr Mann, „es kommt nur noch eiskaltes Wasser aus der Dusche, schau doch mal im Keller nach der Heizung."

Sofort eilt Susanne die Treppe nach unten in den Heizkeller. Tatsächlich, die Armatur blinkt und zeigt eine Störung an. Rasch drückt sie den Einschaltknopf, der aber sofort wieder auf seinen Ausgangspunkt, Störung, zurückspringt.

„Oje", meint sie leise vor sich hin schimpfend, „das scheint eine größere Sache zu sein. Bloß gut, dass in der Küche noch ein kleiner Beistellherd für Wärme sorgt, da brauchen wir wenigstens nicht zu frieren. Während der Feiertage wird kaum ein Heizungstechniker zu finden sein."

„Susanne, wo bleibst du denn?", tönt laut und fordernd die Stimme ihres Mannes an ihr Ohr.

Sich zu Ruhe und Gelassenheit zwingend antwortet sie ihm: „Ach Schatz, die Heizung streikt. Da wird bei uns über die Feiertage kalt geduscht und gewaschen. Das ist für den Kreislauf gut und außerdem ist das

Badezimmer nicht so lange belegt."

„Na ja", knurrt Hans, „ob das den Kindern gefallen wird?"

„Den Enkeln bestimmt", lacht seine Frau, „die haben es mit dem Waschen nicht so."

Nach dem spartanischen Abendessen fiebern die siebenjährigen Zwillinge und die kleine Anna aufgeregt der weihnachtlichen Bescherung durch das Christkind entgegen. „Wann läutet denn endlich das Glöckchen?", so fragen sie ein um das andere Mal ihre Eltern.

„Ihr wisst doch: Erst muss der Himmel so dunkel sein, dass man die Sterne sehen kann", erklärt ihnen ihre Mutter. „Aber damit für euch die Wartezeit schneller vergeht, singen wir jetzt einige Weihnachtslieder."

Sie steht auf und zündet die vier Kerzen am Adventskranz an, die mit ihrem Schein in der Dämmerung eine heimelige Atmosphäre schaffen. Erst zögerlich und zaghaft beginnt die Familie zu singen: *Alle Jahre wieder, O Tannenbaum und Fröhliche Weihnacht überall*. Bei den Liedern: *Leise rieselt der Schnee und Schneeflöckchen, Weißröckchen* sind die Kinderstimmen schon ziemlich laut und forsch.

Schließlich will Anna, das vierjährige Nesthäkchen, von ihrer Oma wissen, warum es denn nicht schneit, denn Schnee, so meint sie, gehört doch unbedingt zum Heiligen Abend und zum Schlittenfahren.

„Ja, da habe ich mir auch so meine Gedanken gemacht", fängt diese an zu erklären. „Das Christkind ist in einem Land geboren wo Schnee gar nicht oder äußerst selten vorhanden ist. Es gibt viel Sand, keine Tannenbäume, wenig grünes Gras und selten Regen. Alles ist trocken. In der Adventszeit, wenn sich die Menschen auf das Weihnachtsfest vorbereiten, werden in den Gottesdiensten meist sehr alte Lieder gesungen. Da heißt es dann: Tauet Himmel, den Gerechten, Wolken regnet ihn herab, dass Berg und Tal grün alles werd ..."

„Ach so", ruft Peter vorwurfsvoll, „dann sind die Kirchenleute schuld mit ihrem dummen Gesang!"

„Genau", bekräftigt sein Bruder Paul.

„Ach Mama", meldet sich Kurt schwach zu Wort, „was du den Kindern immer erzählst. Das weiß doch jedes Kind, dass der Klimawandel daran schuld ist."

„Ja, aber wenn der liebe Gott dauernd das Regenlied hört, dann erfüllt er den Menschen den Wunsch", jammert Anna. Opa Hans streckt tröstend seine Arme nach ihr aus und sie kuschelt sich sogleich hinein.

Unterdessen hat Susanne die Küche verlassen und bald darauf klingelt ein zartes Glöckchen. Wie elektrisiert rufen die Kinder: „Das Christkind ist da!"

Aufgeregt rennen sie ins Wohnzimmer. Dort strahlt ein reichgeschmückter Mini-Christbaum mit den Kinderaugen um die Wette.

„Wo habt ihr denn den Winzling her?", flüstert Maren ihrer Schwiegermutter ins Ohr.

„Vom Christkind", wird sie prompt von ihrer Tochter aufgeklärt.

„Selbstverständlich", meint Susanne augenzwinkernd zu Maren und Anna. Letztere hat soeben jauchzend eine Puppenküche entdeckt und will sofort zu Kochen anfangen. Sie zerbröselt Plätzchen und will daraus einen Kuchen backen. Ihre Brüder sind schon lautlos mit ihren Feuerwehrautos im Bad verschwunden. Sie wollen die Handspritze ausprobieren. Ihr Vater entdeckt sie, bevor sie bei ihren Löschversuchen das ganze Badezimmer bespritzen. Er schickt sie in die Küche, da er schon wieder aufs WC muss.

In der Küche brennen noch die Kerzen am Adventskranz.

„Gut, dass wir mit den Feuerwehrautos da sind", flüstert Peter verschwörerisch seinem Bruder zu."

„Klar", grinst Paul und gibt laut das Kommando: „Wasser marsch!"

Opa Hans hat die fehlenden Enkel bemerkt, betritt mit eiligem Schritt die Küche und wird Zeuge dieses nassen Feuerwehreinsatzes.

„Ja seid ihr denn verrückt? So eine Schweinerei!",
poltert er los.

„Opa, wir haben deine Küche gerettet", erklären
Peter und Paul wichtig und voller Stolz. „Sei froh, dass
uns das Christkind diese funktionsfähigen Autos ge-
bracht hat."

Susanne und Maren stehen indessen fassungslos im
Türrahmen und rufen entsetzt: „So eine Bescherung!"

Da kommt Kurt aus dem WC und meint: „Das ist
noch nicht alles, jetzt ist auch noch das Klosett ver-
stopft."

Wahrlich eine schöne Bescherung. Einzig die Kin-
der jubeln: „Bei Oma und Opa ist immer was los!"

Abschied am Weihnachtstag

Johann Enderle

Auch in diesem Jahr war an Heilig Abend der Schnee ausgeblieben. Verzerrt spiegelte sich das Licht der Straßenlampen auf der nassen Fahrbahn, erhellte den Asphalt für einsame Fußgänger, die nicht kamen, für Autos, die nicht fuhren, für Thomas und Emma, die am Hauseingang standen und eng umschlungen miteinander schmusten. Sie wollten kein Licht, keine einsamen Fußgänger, keine Autos. Es war Weihnachten und beide wussten, dass ihre Familien auf sie warteten, um mit ihnen die Geburt Christi zu feiern.

Ein großer, vor Lichterkerzen nur so strotzender Christbaum markierte das Ende der Straße und zeigte Thomas den Weg nach Hause. Doch dachten beide nicht daran.

Durch die Dachrinne rann verwirrtes Wasser, das Minuten vorher vom bewölkten Himmel geregnet war. Die riesige Hauswand bedeckte die Liebenden mit ihrem Schatten und ließ es nicht zu, dass die Sorgen der Helligkeit die letzten Minuten des Zusammenseins der jungen Menschen störten.

Emma drückte sich an den warmen Körper ihres

Freundes und zog sein Gesicht zu sich heran. Ihre zarten Lippen berührten die Wange und den Mund des Liebsten, und vor Thomas` Augen verschwamm das Bild des kerzenflimmernden Baumes am Straßenende. Zärtlich glitt seine Hand über ihr weiches Haar, und der erwidernde Kuss gab ihr das Gefühl zurück, das sie ihm entgegengebracht hatte.

Emma bemerkte nicht, dass sie auf Zehenspitzen stand und ihr Mantel verrutscht war. Kein fremder, zweifelnder Gedanke drängte sich in den Vordergrund und ihre Augen suchten die seinen, um das Glück zu erspähen, das beide verband. Als er sie losließ, vergrub sie ihren Kopf an seiner Schulter und er berührte mit seinen Lippen ihren Hals.

Der Wind wehte das Schlagen der Turmuhr zu ihnen hin und erinnerte das Paar an die begrenzte Zeit ihrer Zweisamkeit. Keiner wollte als Erster den anderen verlassen. Emma hielt Thomas fest, und als er Anstalten machte, sie freizugeben, drückte sie sich noch mehr an ihn. Dann flüsterte er ihr etwas ins Ohr, worauf sie den Kopf hob und ihn erschrocken anschaute. Ein Kuss, ein Händedruck, die Körper trennten sich.

"Frohes Fest!", hörte er sie flüstern. "Frohe Weihnacht!", gab er zurück.

Monoton fielen jetzt Tropfen durch die Dachrinne,

das Straßenpflaster ließ Schritte laut werden, die Lampen bekamen ihren Fußgänger, und der Schatten der Hauswand wurde wertlos, als Emma durch die Tür im Haus verschwand.

Dann lag die nasse Straße wieder leergefegt im Schein der sich verzerrt auf die Fahrbahn spiegelnden Lichter. Stille legte sich über die Stadt, und durch die geschlossenen Türen und Fenster der Häuser und Wohnungen zogen Träume ein, die der Trennung nicht die Liebe verweigerten.

Das Fest der Liebe, es war Weihnachten!

Die Weihnachtsgans

Victoria Raab

Jedes moi am Weihnachtsdog
do foit mer d`Frida ei,
ja unsere Frida, muaß i sogn,
vergiss i net sou schnöi.

Mir hom amoi a Gansla
der Gluggeri ouvertraut,
dia hat mit ihri Biberli,
recht guat auf era gschaut.

Boid is es ganz alloa
beim Fuader suacha gwest
und gschlafa hats auf Nacht
bei die Henna din im Nest.

Frida hamers gruafa
und glei ins Herz eigschlossn,
so hat sie unsere Freundschaft
in jedem Fall genossen.

In unsern Houf und Gartn,
durft neamat zu ihr nei,
wenn kumma is a Fremder,
war glei a Mordsgeschrei.

Und zuaglegt hats`o guat,
schia war ihr Federgwand,
des gibt an feina Brotn
für olli mitanand.

Doch koaner hat sich traut
und ihr a Federn grupft,
als lebende Weihnachtsgans
is sie no lang rum ghupft.

Irgendwann a moi im Frühaling
dia warma Sunna hoit verführt,
do isch die oide Frida
langsam ums Haus marschiert.

Und zmoi isch na vom Doch
a Schneebrett runter gfoin,
agrat auf d`Frida drauf,
des musst´s mitm Leben zoin.

So war die guade Frida
nieamois a Weinachtsbrodn,
mir homs als unsere Freindin
mit Tränen na begrobn.

Die Staade Zeit

Günter Schäfer

Dezember, es ist nicht mehr weit
bis hin zur Heil'gen Nacht.
Jetzt beginnt die ruhige Zeit,
so hab ich mir gedacht.

Abends ein paar stille Stunden
voller Besinnlichkeit,
doch Ruh' hab ich noch nicht gefunden,
ist das die „Staade Zeit"?

Man hetzt dahin im Alltagstrott,
man braucht ja noch Geschenke
und damit es keinem an was fehlt,
auch Essen und Getränke.

Voller Hektik alle Tage,
ein Gerenne durch die Stadt,
bis man dann mit Müh und Plage
fürs Fest alles beisammen hat.

Als ich ein Kind war, hab ich mich
auf Weihnachten gefreut.
Wohin ist, so frag ich heut'
denn nur die „Staade Zeit"?

Sitzt man dann zur Heil'gen Nacht
gemeinsam unterm Baum,
hab die letzten Jahre ich gedacht:
ein bisschen Ruhe wär ein Traum.

Fürs nächste Jahr, da wünsch ich mir
nur eine Kleinigkeit,
dass wir sie alle wieder finden,
in uns, die „Staade Zeit".

Der Adventskalender

Irene Hülsermann

Wie jedes Jahr hatte Sabine bei der Aktion „Basteln eines Adventskalenders für bedürftige Kinder" mitgemacht. Schon Wochen vorher war sie durch die Stadt gelaufen und hatte in den vielen Geschäften Ausschau gehalten nach kleinen originellen Geschenken. Das war nicht ganz einfach, denn der Kalender erlaubte am Ende nur einen materiellen Wert von maximal dreißig Euro, damit alle Kinder einen gleichwertigen Kalender erhielten.

Dieses Jahr hatte sie es sich besonders schwer gemacht. Sie hatte geplant, einem dreizehnjährigen Jungen eine Freude zu machen. Als sie durch die dunklen Straßen lief und ihre Schätze nach Hause trug, dachte sie über den Sinn eines Adventskalenders nach. Würden die Kinder dies überhaupt noch schätzen? Viele waren sehr verwöhnt und selbst die Ärmsten hatten gewisse Vorstellungen.

Sabine seufzte, denn gerne bekäme sie auch einmal einen Adventskalender geschenkt, der ihr das Warten auf den einsamen Weihnachtsabend verkürzen würde. Sie überlegte, wann sie das letzte Mal einen bekommen hatte. Das musste schon vierzig Jahre her sein.

Ihre Mutter hatte ihr einen billigen Schokoladenkalender mit den Worten: „Nun bist du zu alt für so was, nächstes Jahr bekommst du keinen mehr!", in die Hand gedrückt. Sie war darüber so traurig gewesen, dass sie wochenlang heimlich weinte. Und als sie im nächsten Jahr tatsächlich keinen mehr bekam, beschloss sie, sich jedes Jahr selber einen zu basteln.

Sie malte ein weihnachtliches Bild, schnitt 24 Fenster hinein und legte ein Blatt darunter. Die kleinen Felder bemalte sie liebevoll mit winzigen Figuren. Dann klappte sie die Fenster zu. Natürlich wusste sie immer schon vorher, was dahinter sein würde. Aber das störte sie nicht.

Während sie am Kalender bastelte, kam ihr eine Idee:

„Warum bastle ich mir nicht selber so einen Adventskalender?"

Euphorisch spann sie diesen Gedanken weiter. Reichlich Zeit hatte sie nicht mehr, die Adventszeit brach schon in einer Woche an. Bereits morgen würde sie nach der Arbeit mit der Suche anfangen.

Voller Stolz betrachtete Sabine eine Woche später die beiden fertigen Kalender. Sie hatte zwei alte Kartoffelsäcke mit einer dicken roten Schleife zugebunden. An der Seite war ein riesiges Loch, aus dem eine

Schnur und das erste liebevoll eingepackte Geschenk herausschaute. Jeden Tag durfte man das Seil ein Stückchen weiter herausziehen, um so die begehrte Überraschung zu erhalten.

Einen Sack hängte sie sich in ihr Wohnzimmer, den anderen legte sie vorsichtig in den Korb. Am heutigen Abend fand die Adventsfeier im Gemeindehaus statt. Dort würden die Kinder bei selber gebackenen Plätzchen, Tee und vorweihnachtlicher Musik die Kalender überreicht bekommen.

Mit jeder Minute freute sie sich mehr auf dieses Ereignis. Die beteiligten Frauen und Männer saßen an den hinteren Tischen, während sich die freudig wartenden Kinder davor hinsetzten. Es wurde getuschelt und gelacht. Die Spannung wuchs mit jeder Minute.

Als eine junge Frau die Bühne betrat, wurde es mucksmäuschenstill und alle lauschten ihrer Geschichte.

„Als ich vor zwanzig Jahren das erste Mal einen Adventskalender in der Hand hielt, das war genau hier, war ich unsagbar glücklich. Nie zuvor hatte ich so etwas geschenkt bekommen und noch dazu bekam ich einen besonders liebevoll gebastelten Adventskalender. Ich werde jenen Tag nie vergessen. Und: Ich habe ihn all die Zeit in einer Schachtel aufbewahrt."

Bei diesen Worten öffnete sie eine in die Jahre gekommene Box und zog ein aus Pappe gebautes, buntes Haus hervor. Auf der Vorderseite konnte man die Fenster und Türen öffnen und darin befanden sich 24 Kleinigkeiten. Sabine vermochte es nicht zu glauben. Diesen Kalender hatte sie vor vielen Jahren gebastelt. Sie erinnerte sich genau daran, wie viel Arbeit er gemacht hatte. Aber das fünfjährige Kind, für den sie ihn baute, hatte erst kurz vorher die Mutter verloren. Deshalb gab sie sich enorm viel Mühe.

„Der Adventskalender hat mir zutiefst über die Trauer geholfen, die ich damals empfand. Und weil ich ein wenig des Glückes zurückgeben möchte, habe ich in diesem Jahr ebenfalls einen Kalender gebastelt und schenke ihn der Frau, die mich damals so glücklich gemacht hat." Mit jenen Worten schritt sie auf Sabine zu, überreichte ihr ein Geschenk und nahm sie in den Arm.

Sabine konnte die Tränen nicht mehr zurückhalten und wischte sie verstohlen weg, als sie bemerkte, dass ihr Gegenüber ebenso nasse Augen hatte. Durch den Tränenschleier betrachtete sie glücklich den kunstvollen Strauß aus Tannenzweigen, an dessen Ästen kleine, bunte Päckchen gebunden waren.

Kindheitsträume zur Weihnachtszeit

Petra Quaiser

Von draußen vom Walde komm ich her (Theodor Storm 1817-1888) ist das Weihnachtsgedicht, das uns mein Vater immer in der Weihnachtszeit erzählt hat. Er war der beste Märchen- und Geschichtenerzähler, den ich kannte. Aber nicht nur mir und meiner Schwester, auch später seinen Enkelkindern hat er vieles erzählt. Wir haben ihm immer gerne zugehört. Egal, ob wir kleine oder erwachsene Kinder waren.

Jedes Jahr zur Weihnachtszeit begleitet mich diese Erinnerung. Wer wohl dieses Gedicht noch kennt? Ich sehe bei diesem Gedicht in Gedanken Knecht Ruprecht durch einen tief verschneiten Winterwald stapfen, sehe zahlreiche Lichter auf den Tannenbäumen, er steht kurz vor dem Waldrand, stellt seinen schweren Sack mit Geschenken neben sich ab. Sein Blick fällt auf ein kleines, tief verschneites Dorf. Dorthin soll er die Geschenke bringen, die dann das Christkind verteilen wird. Aus den Schornsteinen steigt heller Rauch kerzengerade in die kalte Winterluft empor. Durch die kleinen Fenster kann man Kerzenlichter flackern sehen.

Es dämmert bereits und die Luft ist kalt. Der Atem gefriert auf seinem langen, weißen Bart. Raureif und Schnee drücken die Äste der Bäume nach unten. Noch vor einigen Stunden, als die Sonne am wolkenlosen Himmel stand, glitzerte die weiße Pracht wie funkelnde Diamanten. Das Licht blendete die Menschen, die noch unterwegs waren, um die letzten wichtigen Dinge vor der Heilige Nacht zu erledigen. Doch jetzt ist es überall ruhig. Eine eigenartige Stille ist eingekehrt. Kein Lüftchen regt sich, die Geräusche der Tiere sind nicht mehr zu hören. Es ist, als wären alle Tiere stumm geworden. Ob sie wohl wissen um die Besonderheit dieser Heilige Nacht?

Knecht Ruprecht schultert seinen Sack, er darf nicht zu spät kommen. Die Wege sind verschneit. In der vergangenen Nacht und am Tag fielen zahlreiche Flocken, leicht wie Federn, vom Himmel und bedeckten das ganze Land über und über mit Schnee. Stundenlang fielen sie vom Himmel. Die Kinder liefen nach draußen, lachten und tanzten mit den Schneeflocken um die Wette. Sie kramten ihre Schlitten, Ski und Schneeschuhe hervor und tummelten sich fröhlich in der weißen Pracht. Ein paar eiskalte Nächte wie diese und der kleine Teich am Dorfanger wird zugefroren sein. Dann werden sich die Kinder ihre Pudelmützen über die Ohren ziehen, den Schal um den Hals schlingen und mit den Schlittschuhen über die kleine Eisfläche gleiten.

Knecht Ruprecht hat all solche Geschenke in seinem großen Sack, all das, was die Kinder im kalten Winter brauchen. Auch Bücher und Spiele, um sich die dunklen Abende kurzweilig zu gestalten. Auch Naschzeug und diverse Spielsachen dürfen nicht fehlen. Sein Atem geht schwer, als er nun durch den hohen Schnee stapft. Kein Mensch ist zu sehen in dem kleinen Dorf. Nicht einmal die Hunde bellen, denn sie liegen in dieser Nacht geschützt im Stall oder im Haus. Alle sitzen sie in der warmen Stube und warten auf das Christkind. Er würde vor jedem Haus die richtigen Geschenke abstellen. Das Verteilen der Geschenke, die frohe Botschaft: „Uns ist ein Kind geboren, der Erlöser der Welt", obliegt dem Christkind, das sich nicht sehen lässt und doch da ist. So auf jeden Fall ist meine Kindheitserinnerung.

Immer wieder wirft Knecht Ruprecht einen neugierigen Blick durch die manchmal halbhoch gefrorenen Fenster. Die unterschiedlichsten Weihnachtsbäume stehen geschmückt in der guten Stube. Da und dort wird die Weihnachtsgeschichte vorgelesen. Die Kinder sind voll Unruhe, neugierig und gespannt, was es wohl in diesem Jahr an Geschenken geben wird und wann es denn nun endlich soweit ist? Das Feuer brennt im

Ofen, und auf dem Herd steht Gebratenes und Gesottenes. Es duftet so herrlich nach Vanille und Zimt, nach Lebkuchen und Bratäpfeln.

Knecht Ruprecht lächelt und nickt bei dem Anblick. Dann wischt er sich kurz über die feuchte Stirn. Trotz Kälte ist ihm warm geworden bei seiner Arbeit. Er ist eben auch nicht mehr der Jüngste. Langsam ist seine Arbeit beendet. Vom Kirchturm her erklingt dumpfer Glockenschlag. Die Heilige Nacht beginnt. Aus den Häusern erklingen zaghaft die ersten Weihnachtslieder. Lieder von Liebe und Dankbarkeit, von Frieden und Freude auf Erden.

Er blickt zum Himmel, die Sterne leuchten um die Wette, das Glitzern und Glimmen scheint immer stärker zu werden. Das helle Klingen feiner Glöckchen ist zu hören. Knecht Ruprecht weiß, seine Aufgabe ist beendet. Jetzt ist es das Christkind, das die Geschenke überbringt und die Frohe Botschaft verkündet, die Botschaft vom Frieden auf Erden. Es dauert nicht lange und man hört das Lachen der Kinder. Man sieht die Freude in ihren Augen, weil die kleinen und auch großen Wünsche erfüllt werden. Und wenn dann zu später Stunde das helle Läuten der Kirchenglocken die Menschen zur Christmette ruft, dann kommt Leben in das kleine Dorf. Türen öffnen sich, warm gekleidete Menschen gehen hinaus in die kalte Winternacht, stapfen durch den Schnee zur Kirche.

Sie staunen über den festlichen Weihnachts-schmuck, betrachten entzückt die große Krippe und lauschen den Worten des Dorfpfarrers. Nie ist die Kirche so voll wie in dieser Heiligen Nacht. Und wenn von der Empore die brausende Musik der Orgel er-klingt, dann ertönen aus zahlreichen Kehlen die altbe-kannten Weihnachtslieder. Dann stehen sie da die Menschen. Groß und Klein, Alt und Jung. Sie singen gemeinsam das Hohe Lied der Weihnachtsnacht: „Stil-le Nacht, Heilige Nacht, alles schläft, einsam wacht, nur das traute hochheilige Paar ..."

Die Lieder und das gemeinsame Singen zaubern ein Strahlen und Leuchten auf die Gesichter der Men-schen. Friede, Freude und Einigkeit sind zu spüren. Auch dann noch, wenn sie die Kirche verlassen, wenn sie sich gute Wünsche mit auf den Weg geben. Bis man nach und nach nur noch vereinzelt das Blinken der Kerzenlichter in den Laternen schimmern sieht. Das Licht, das ihnen den Weg weist. Den Weg durch die Dunkelheit nach Hause.

Und auch da verlöschen so langsam alle Lichter hinter den Fenstern. Kälte und Dunkelheit hält das Land umfangen. In die Herzen der Menschen aber ist Ruhe, Wärme und Frieden eingekehrt. Und wenn in allen Herzen Ruhe, Wärme und Frieden eingekehrt ist, so strahlt dieses so besondere Licht nach außen und verbreitet ein Gefühl der Freude und Zuversicht.

Ach, könnte ich doch immer Kind in der Weihnachtszeit sein. Das geht nicht, ich weiß, denn ganz schnell hat mich der Alltag wieder. Und außerdem, so eine Weihnachtszeit gibt es jetzt kaum noch. Doch was mir bleibt, ist die wunderschöne Erinnerung an Weihnachten in meiner Kinderzeit. Ja, und die Träume von Knecht Ruprecht und die Erinnerung an meinen Vater mit seinen schönen Geschichten und Gedichten.

Die Weihnachtsbotschaft ist eine Frohe Botschaft, sie bringt Hoffnung, sie ist das Licht in der Dunkelheit, ist Frieden auf Erden und unter allen Menschen. Und das wünsche ich uns allen, auch dann, wenn der Alltag uns wieder eingeholt hat.

Opas Wünsche ans Christkendle

Alfred Bäurle

Es isch im tiafa Wenter gwest,
I hab me gfräd offs Weihnachtsfest
ond allerhand Gedanka gmacht,
was wora isch aus dr Heilenga Nacht.

Jeds Johr neberm Krippastall
send Gschenkla glega von überall.
I brauch nix mea kommt en mein Senn,
hab heit scho zviel em Kasta denn.

I brauch koi warme Onderhosa,
ond o koin Schnupftabak en Dosa.
Hädsche hab i mehr wia gmua
ond Hemadr o no drzua.

Mit am Föhn kasch mi vertreiba.

Mei Glatz, dia ka e druckareiba.

Parfüm hab i no nia net gnomma,

ben trotzdeam zo am Weible komma.

Krawatta brauchsch mir o net brenga,

hangad gmua im Kaschta denna.

Es git nix was i braucha kennt,

mir ebbas schenka isch a Se(ü)nd.

Hab allas was i brauch em Leba,

dom brauchsch mer heier gar nix geba.

I hab a Wärmflasch för mei Bett,

wia gsagt, des brauch i allas net.

Em Wenter hab i a warma Stub

ond jeden Tag a guata Supp.

A Weible mit zwoi fleiße Händ,

o Kender dia guat grota send.

Drom Chrischtkend tua nor ja bedenka,

du brauchsch mir huier gar nix schenka.

I hab weit mehr, als was i brauch,

ma sigts von weitam an meim Bauch.

Drom möchte liaber zruck dir geba,

was i net braucha ka em Leba.

En meine Hände dia schlemma Gicht,

nemms mit, i brauch dia wirkle nicht.

Ond off des Reißa nachts em Bett

ka i verzichte, des brauch i net.

O bitt i di, kom sei so guat,

nehm o den hoche Druck em Bluat.

Mei Gallastoi wois net warom,

trag i om soscht scho Johre rom.

Ond o des Bromma en meim Kopf

isch überflüsse wia a Kropf.

O gib i dir ganz geara hin,

dia schlechte Werte Kolestrin.

Dean schlemma Huasta en der Frua,

gib i als Dreigab no derzu.

Wär schea, wann du mir helfa kenscht,

dass i mei Brill zom lesa fend,

ond mir em Keller käm en Senn,

warom i nonder ganga ben.

Ond wann i ausm Haus naus muaß,

dass du mir nocht o saga duasch,

dass i da Schlüssel no steck ei,

soscht komme ebba nemme nei.

Scho heit tua i mia schö bedanka,

weil du verstosch ja mei Gedanka.

Ach so, was i no saga mecht:

„I wesch dir a schöas Weihnachtsfescht."

Weihnachten, das besondere Fest

Manfred Wiedemann

Was ist es eigentlich, was dieses Fest so besonders macht? Es gibt doch das ganze Jahr über immer wieder etwas zu feiern. Ostern, das Fest, das uns den nahen Frühling ankündigt. Mit Eiersuche und auch mit oft übertriebenen Geschenken. Die Kirche feiert die Auferstehung von Jesus Christus. Manche gehen sogar zur Kirche. Dort ist es dann besonders feierlich.

Und dann Geburtstage. Das sind ganz persönliche Feiertage. Aber die Kinder haben nicht mal schulfrei und die Erwachsenen müssen zur Arbeit gehen. Doch Weihnachten? Es sind Ferien und die meisten Großen haben Urlaub. Mit ein bisschen Glück gibt es sogar Schnee. Und die Vorbereitungszeit. Vier Wochen Advent würden ja genügen, um sich auf das Fest einzustimmen. Es genügt aber nicht.

In vielen Geschäften gibt es schon seit August Lebkuchen und Nikoläuse aus Schokolade in buntem Stanniolpapier eingepackt. Auch Christbaumschmuck in allen Variationen und Farben wird angeboten. Selten geschmackvoll, meist aber kitschig, überrascht man uns mit solchem Deko-Material. Und braucht

man davon wirklich noch etwas kurz vor den Feierta-
gen, ist davon nichts mehr zu sehen. Nicht dass das
Zeug ausverkauft wäre, nein, inzwischen musste es
längst für Scherzartikel zu Silvester weichen.

Aber es gibt auch Menschen, die Weihnachten
nicht so gemütlich feiern können, zum Beispiel Poli-
zisten, Eisenbahner und Soldaten. Soldaten, die in der
Kaserne sind und vor allem solche, die für uns im Ein-
satz sind. Aber das ist inzwischen auch nichts Beson-
deres mehr.

Was aber ist es nun, das dieses Fest so besonders
macht? Alle sozialen Organisationen und auch so
manche unsozialen bitten um Spenden für Hilfsbe-
dürftige im In- und Ausland. Und die Menschen ha-
ben in dieser Zeit ein offenes Herz und auch einen
offenen Geldbeutel. Man gibt bereitwillig und gerne.
Vieles lässt sich ja auch gerechterweise von der Steuer
absetzen.

Mama wollte eigentlich in diesem Jahr wieder selber
Plätzchen backen, aber sie fand dafür keine besondere
Zeit. Und wozu auch? Der Bäcker um die Ecke hat
davon jede Menge im Angebot. Und wenn sie auch
nicht gerade billig sind, man isst ja kaum davon. Dafür
wird sie heuer einen traumhaften Rehbraten, mit al-
lem, was dazu gehört, auf den Tisch zaubern. Das
Rezept dafür, das noch von ihrer Oma stammt, wird

sich schon wieder finden. Wenn nicht, besuchen wir ein gutes Restaurant. Dort gibt es immer leckere Wildgerichte. Die stammen meist nicht vom heimischen Wild. Das ist auch besser so, denn sonst schießen unsere bösen Jäger noch die letzten deutschen Rehe tot.

Was aber noch wichtiger erscheint, sind die Geschenke für die Lieben und vor allem für die Kinder. Der Dreijährige erhält die Maschinenpistole, die er in Kinderfilmen im Fernsehen gesehen hat und die er sich so sehr wünscht. Und daneben natürlich noch ein paar Lego-Baukästen. Ein Handy für die Kleinen im Grundschulalter ist Pflicht. Man spart dadurch eine Menge Geld, kann man damit doch fotografieren, Spiele machen und, wenn es sein muss, sogar telefonieren und SMS schreiben. Und es ersetzt ja auch einen Computer; zumindest fast.

Die Dinge drum herum brauchen hier nicht erwähnt zu werden; die sind selbstverständlich und auch nichts Besonderes. So ein Smartphone ist zwar nicht billig, aber alle Schulfreunde haben das ja auch. Wer wollte da rückständig sein? Die Ausrede, das Christkind konnte das nicht bringen, zählt schon lange nicht mehr. Schließlich haben wir unsere Kleinen darüber längst selbst aufgeklärt. Die Schule hat dazu ein Übriges getan. Und dem Kleinsten wollen wir dieses Märchen erst gar nicht erzählen.

Und die Großen? Nun, Mama wird für den vergessenen Hochzeitstag, an dem man ins Fußballstadion gefahren ist, mit einem wunderschönen, teuren Ring entschädigt. Papa erhält den gewünschten Flachbildfernseher. Davon haben schließlich alle etwas. Er hätte eigentlich lieber ein Buch von der letzten Fußballweltmeisterschaft gehabt, aber wer schenkt heute noch ein Buch? Außerdem kann er sich das selber kaufen. Mama hätte wahrscheinlich doch das Falsche erwischt.

Das Schwierigste waren die Geschenke für Oma und Opa. Man hat hin und her überlegt, aber die hatten doch schon alles. Also besann man sich, wie schon die letzten Jahre, auf einen Gutschein. Sie sind ja selber schuld, wenn sie den, wie die letzten Jahre immer, für Geschenke an die Kleinen verwenden. Man hatte seine Schuldigkeit getan. Natürlich gibt es noch eine neue Skiausrüstung für die ganze Familie. Der Kleinste bekommt seine ersten Skier und dazu einen Skikurs, auch wenn er den nicht als Geschenk empfindet.

Endlich „Heiliger Abend".

Heilig ist daran nichts. Der größte Stress aber ist vorbei. Der Weihnachtsbaum, den man schon vor Jahren besorgt hatte, steht geschmückt im Zimmer. Man hatte damals einen Baum aus Kunststoff gewählt.

So ein Baum nadelt nicht und man hat ihn zur Hand, wenn man ihn braucht. Es kann nicht sein, wie vor Jahren geschehen, dass man beinahe vergessen hätte, so einen Baum zu kaufen. Außerdem ist er schön gleichmäßig, ich hätte beinahe gesagt, gewachsen. Und er lässt sich wunderschön aufbewahren; gegen den Staub muss man ihn nur durch die mitgelieferte Hülle schützen.

Eine Krippe, die nicht gerade billig war, haben wir natürlich auch unter den Baum gestellt. Leider darf der Kleine daran nichts berühren. Die wertvollen, geschnitzten Holzfiguren würden darunter leiden. Und ab dem zweiten Feiertag sieht das Zeug ohnehin kein Mensch mehr, denn dann sind wir in unserem jährlichen Skiurlaub. Der ist zum Abbau dieses Weihnachtsstresses dringend nötig. Hoffentlich gibt es dieses Jahr wenigstens genügend Schnee.

Eine Erklärung für das Besondere an diesem Fest kann also nur der Stress sein. Da fällt mir gerade noch ein, eigentlich geht es auch um die Geburt von diesem Jesus im Stall zu Bethlehem. Aber das ist nichts Besonderes, das weiß doch sowieso jeder.

Oder?

Josef fehlt

Ulrike Karg

24. Dezember, kurz nach Mittag. Oma Hedwig holte die fünfjährige Leonie zu einem Spaziergang ab. So hatten die Eltern sturmfreie Bude und konnten ungestört die letzten Vorbereitungen für das Fest treffen.

Jutta betrat das Wohnzimmer. Die frische Tanne verströmte einen wunderbar harzigen Duft. Harald, ihr Mann, hatte den Christbaum geschmückt und testete gerade die neue Lichterkette. Wegen ihres Katers verzichteten sie auf echte Kerzen. Korbinian hatte im vergangenen Jahr fast einen Brand ausgelöst, als er sich auf das glitzernde Lametta am Baum stürzte. Nur Haralds beherztes Eingreifen hatte eine Katastrophe verhindert.

„Na, was sagst du? Heuer ohne Lametta."

„Ja, wirklich sehr festlich. Hast du gut gemacht. Dann hol ich jetzt die Geschenke."

Jutta kam zurück und platzierte die liebevoll verpackten Kartons unter der Weißtanne.

„Holst du bitte noch das Christkind! Dann sind wir fertig", sagte sie zu ihrem Mann.

Hubert hatte die alte Familienkrippe mit Leonie

schon am vierten Adventsabend aufgebaut und wegen Korbinian zugedeckt. Das Jesuskind wurde immer erst am Heiligen Abend in die Krippe gelegt. Harald kam mit dem Aufbewahrungskarton zurück und wickelte vorsichtig das fein geschnitzte Kind aus dem Papier. Jutta zog die Tischdecke zur Seite und rief entsetzt:

„Josef fehlt! Hast du ihn nicht schon reingestellt?"

„Natürlich. Vor den Ochsen neben Maria."

„Er kann sich doch nicht in Luft aufgelöst haben. Schau nochmal im Karton nach."

Harald legte das Neugeborene sanft in die Krippe. Die Schachtel war außer den zerknitterten Seidenpapieren leer. Er suchte nochmal das gesamte Gelände ab. Hatte er Josef versehentlich zu den Hirten gestellt? Nein, Josef fehlte wirklich.

„Das gibt's doch nicht! Ich weiß sicher, dass ich ihn neben Maria gestellt hatte."

„Ich glaube dir, aber wo ist er dann?"

„Ich weiß es wirklich nicht", sagte er ratlos. „Ich suche nochmal alles ab."

„Ja, tu das bitte", antwortete Jutta und verließ das Wohnzimmer.

Wenig später klingelte es an der Tür, Oma und Leonie waren zurück. Harald hatte Josef nirgends entdecken können, sperrte das Wohnzimmer ab und betrat die Wohnküche. Aromatischer Duft frisch gebrühten

Kaffees umfing ihn. Hedwig, Juttas Mutter, hatte Früchtebrot nach altem Familienrezept gebacken und schnitt es auf.

„Na, Leonie, freust du dich schon aufs Christkind?"

„Ja, Oma, aber es kommt ja erst, wenn es dunkel wird. Papa zündet die Lichter am Tannenbaum an und macht das Fenster auf. Dann kann es reinfliegen und Geschenke bringen. Weißt du, erst wenn das Glöckchen läutet, dürfen wir ins Zimmer. Da ist es schon wieder fort, weil auch andere Kinder darauf warten. Wir singen ein Lied, oder zwei. Im Kindergarten haben wir viel geübt. Erst dann darf man die Geschenke auspacken. Oma, meinst du, es hat meinen Wunschzettel bekommen?"

„Bestimmt. Sonst weiß es ja nicht, was dir Freude macht. Musst noch etwas Geduld haben."

Um das Warten zu verkürzen, spielten Harald und Hedwig mit Leonie in ihrem Zimmer *Fang den Hut*, ein altes Brettspiel. Jutta werkelte in der Küche. Der Nachmittag verging, und gegen fünf kamen die Gäste.

Harald hatte seine Schwester Eva und deren Tochter Johanna eingeladen. Die beiden sollten am Weihnachstabend nicht allein sein. Der Vater der Vierjährigen war im Sommer an den Folgen eines Arbeitsunfalls verstorben. Ein schwerer Schock für die ganze

Familie, die sich nur langsam davon erholte.

„Kommt rein in die gute Stube", begrüßte Jutta ihre Schwägerin, die sie sehr gerne mochte. Johanna war ein liebenswürdiges Mädchen, das sich mit ihrer Tochter prächtig verstand. Gerade in dieser schwierigen Zeit der Trauer war der Zusammenhalt wichtig.

„Essen ist fertig!", tönte die Aufforderung aus der Wohnküche. Harald hatte inzwischen den Tisch festlich gedeckt mit Zweigen, kleinen roten Glaskugeln und golden lackierten Walnüssen. Jutta kam mit der Terrine und schöpfte dampfend heiße Hühnersuppe aus. Sie schmeckte vorzüglich. Als Hauptgericht reichte sie Hackbraten, Kartoffelpüree und Feldsalat mit knusprigen Speckwürfeln und Walnüssen.

„Du hast dich mal wieder selber übertroffen!", lobte Eva und griff nochmal zu. Der Braten sah zu verlockend aus. In die Mitte hatte Jutta gekochte Eier, Karotten und Lauch gepackt, was schon beim Aufschneiden ein Augenschmaus war, vom Gaumen ganz zu schweigen. Als alle satt waren, räumten die Frauen die Küche auf. Etwas später ertönte das Glöckchen. Endlich. Korbinian wachte auf und verließ sein Körbchen neben der Eckbank.

„Jetzt war das Christkind da!", rief Leonie hocherfreut. Sie nahm Hanna bei der Hand und führte sie ins Wohnzimmer. Der Weihnachtsbaum erstrahlte, die

Lichter spiegelten sich in den roten und goldenen Glaskugeln, auch in den Augen der Kinder. Jetzt war Weihnachten!

Sie beteten für die Verstorbenen, und so manche Träne kullerte über die Wangen.

„Papa ist im Himmel, aber auch bei uns. Wir sehen ihn bloß nicht", tröstete Eva ihre Tochter, die heftig schluchzte.

„Lasst uns singen." Harald begleitete die Lieder auf der Gitarre.

„Ich glaub, das Christkind ist jetzt zufrieden mit Singen. Dürfen wir die Geschenke auspacken?", fragte Leonie vorsichtig.

„Ja, länger haltet ihr es sowieso nicht mehr aus."

Die Kinder setzten sich auf den Boden und öffneten die Päckchen.

„Josef fehlt!", rief Eva erschrocken, als sie die Krippe bestaunte. „Ihr habt den Josef vergessen!"

„Nicht vergessen. Er stand gestern noch neben Maria und jetzt ist er verschwunden", erklärte Harald seiner Schwester.

„Ja, tatsächlich, Josef fehlt!", stellte auch Oma Hedwig fest, denn trotz Brille hatte sie ihn auch nicht entdecken können.

Die Mädchen waren mit ihren Geschenken beschäftigt und hörten den Gesprächen der Erwachsenen gar nicht zu. Leonie zeigte stolz den Teddybären, den sie sich gewünscht hatte und überlegte sich gleich einen Namen für ihn. Robert sollte er heißen. Johanna probierte ihre Schlittschuhe an. Natürlich gab es für die beiden auch Bücher mit Märchen und Abenteuergeschichten. Dann erst entdeckte Leonie, fast verdeckt von der Tanne, ein Kasperletheater.

„Oh, da ist ja noch was!", hüpfte sie auf und spitzelte hinter den zugezogenen Vorhang. „Wo sind denn die Figuren?"

Eva stand auf und kam mit einer abgegriffenen Schuhschachtel zurück.

„Schau mal hier rein. Damit haben schon dein Vati und ich als Kinder gespielt. Das Theater hat er für dich neu gebaut!"

„Hanna, guck doch! Der Kasperl, die Gretel, der Schutzmann und das Krokodil! Wie schön. Damit können wir gleich spielen."

Sie setzten Robert, den Teddybären, auf ein Kissen. Johanna zog langsam den Vorhang auf.

„Ich hol noch meine Puppe, die darf auch zuschauen."

Leonie kam mit Luci und einem Päckchen zurück.

„Hanna, das hätt ich fast vergessen. Das ist für dich!"

Gespannt schauten alle, was Leonie für ihre Cousine eingepackt hatte.

„Danke." Hanna wickelte das Seidenpapier auseinander und die vermisste Krippenfigur kam zum Vorschein.

„Da ist ja Josef!", platzte Harald heraus.

„Weißt du, Papa. Das verstehst du doch! Das Jesuskind hat ja seine Mutter Maria und den Himmelvater und braucht den Josef nicht so notwendig. Aber Hanna! Ihr Papa ist ja auch im Himmel, und so hat sie auch einen auf der Erde, der auf sie aufpasst!"

Hadis erster Advent

Petra Plaum

Kerze, die (also Femininum). Plural: Kerzen. Kommen in Deutschland offensichtlich oft zu viert, auf Kränzen aus Nadelbäumen befestigt.

Zimtstern, der (Maskulinum), Plural: Zimtsterne. Süßes, knuspriges Gebäck, das der Lehrer freitags mitbringt.

Weihnachten, das (Neutrum, kein Plural): Fest der Christen, zu dem sie sich Geschenke machen (viele Geschenke, nie nur ein Geschenk!)

Der Lehrer sagt, dass die Deutschen dann zu viel essen und zu viel Familie zu Besuch haben, und er wirft Fäuste in die Luft, die für Streit stehen, und formt die Hände zu einem runden Fettwanst um sich herum. Aber dabei leuchten seine Augen und um die Mundwinkel zuckt ein Lächeln.

Viel Familie, denkt Hadi, und viel Essen, und die Sehnsucht macht ihm die Kehle ganz eng. „Möchtest du ein Spekulatius?", fragt ihn Younis, und Hadi nickt und murmelt „danke" und versucht, sich wieder auf das Deutschlernen zu konzentrieren.

Das ist nicht einfach, wenn der Stuhl so hart ist und die Luft so stickig und die Nacht kurz war, weil die Kinder der Abbous von nebenan nachts um zwei im Gang Fußball gespielt haben. Die Abbous arbeiten nicht und lernen auch nicht, ihre Söhne sind zu jung für die Schule. Hadis Frau Fatima arbeitet auch nicht, weil Lina zu klein für den Kindergarten ist und Omar oft schon um halb zwölf aus der Schule kommt. Hadi aber soll arbeiten, meinte die Beraterin aus dem Job-center, und das möchte Hadi auch, Geld verdienen und für seine Familie sorgen, wie zuhause in Syrien. Doch das geht nur mit der richtigen Sprache. Mit Deutsch. Arabisch sprechen in Deutschland nur die Wenigsten.

Darum sitzt Hadi morgens ab acht, ob müde oder wach, in diesem stickigen Klassenzimmer. Zwischen Cem, der schon 50 ist und ständig schlecht gelaunt, weil er in Ankara Chefredakteur war und hier ein Nichts ist, und Sawsan, die mit 21 noch nicht lesen kann, was ihr aber egal ist, weil sie sowieso reich heiraten möchte. Wer braucht da schon Buchstaben?

Hinter ihm kichern die Zwillinge aus dem Irak, die Hadi ständig verwechselt, und die mit ihren 18 noch alles vor sich haben: Beruf lernen, Liebe finden, Haus bauen.

Hadi hatte mit 28 sein Haus gebaut, seinen Sohn gezeugt und seinen Baum gepflanzt, eine eigene Schreinerei eröffnet und dann noch eine Tochter bekommen, und dann kamen Assads Truppen, töteten seine Schwiegereltern und seinen Onkel und nahmen ihm Arbeit, Haus, Heimat.

„Glücklich", spricht der Lehrer in Hadis Gedanken, „an Weihnachten sind die meisten Christen glücklich."

Ich bin auch glücklich, sagt Hadi schweigend zu sich selbst. Weil ich lebe und in Deutschland bin, endlich hier, wo es friedlich ist, sauber und ruhig. Wo man Zimtsterne und Kerzen hat, Kirchen und Moscheen. Wo Fremde ihn anlächeln und ihm langsam erklären, dass er Deutsch lernen soll und dann ganz neu anfangen kann. Eine neue Werkstatt, vielleicht, in ein paar Jahren, ein neues Haus. Daran klammert Hadi sich fest.

Zwei Tage später. Hadi spaziert mit seiner Frau Fatima und den Kindern durch die Stadt, wo fleißige Männer gerade Buden aus Holz aufbauen. „Der Weihnachtsmarkt", erklärt Hadi fachkundig. „Weihnachtsmarkt", wiederholt sein Sohn Omar ruhig und langsam. „Kinder bekommen Geschenke. Wir essen Lebkuchen in der Schule. Magenbrot mag ich nicht."

Der Vater staunt seinen Jungen an, weil der nach nur sechs Wochen im neuen Land schon so gut dessen Sprache spricht. Doch urplötzlich ist es, als fiele ein Schatten auf Omars Gesicht, und seine Augen verdunkeln sich. Omar sinkt in sich zusammen. Fatima nimmt ihr großes Kind stumm in die Arme. Hadi tritt zu beiden und umarmt sie auch, doch spürt er, dass er sie nicht wärmen kann. Schmerz trennt den Vater von Sohn und Frau, wie eine feindliche Druckwelle.

Noch eine Woche später. Dieser Advent ist in vollem Gange. Hadi weiß jetzt auch, was ein Nikolaus ist und wie man den Christbaum lobt. Außerdem hat er die Verben backen, leuchten, glänzen, glitzern, brennen und scheinen gelernt. Er nippte an Kinderpunsch aus Gewürztee und Saft und hat seiner Familie Spekulatius mitgebracht. Die Kinder mochten das Gebäck. Omar isst auch sonst gut, doch wirkt er gerade auffallend niedergeschlagen. Nachts wälzt er sich in seinem Bett herum. Fatima ist auffallend blass und ruhig. Beim Abendessen spricht sie aus, was sie bewegt: „Unser Sohn und ich, wir sind unglücklich hier. Dieses Land ist zu fremd, diese Stadt zu klein, die Menschen leben zu anders. Ich vermisse meine Arbeit, ich bin Lehrerin, ich will unterrichten! Den ganzen Tag nur ein bis zwei Kinder, ansonsten kochen, putzen, einkaufen … Und diese lauten Nachbarn, die Schmutz und Lärm machen, Tag und Nacht: Ich werde noch verrückt!" – „Nein! Bald", versucht Hadi sie zu beruhigen, „bald wird alles besser. Wir bekommen einen Transfer in eine andere Stadt. Vielleicht – mit Glück – in eine größere Stadt. Wir suchen uns eine eigene Wohnung. Eine schöne, ruhige! Du kannst Deutsch lernen und arbeiten, wenn Lina im Kindergarten ist. Übersetzen vielleicht, oder in einer Schule helfen. Du bist klug und schön und wunderbar, du schaffst das." – „Und wenn nicht?" – „Dann bekommen wir noch ein paar neue Kinder, das ist dann fast wie deine eigene Schulklasse." Hadi lächelt seine Frau zärtlich an, und sie lächelt zurück – kurz. Dann schleicht sich die Dunkelheit wieder in ihren Blick, ihre Mundwinkel wandern nach unten, ihr Kinn zittert. Angst, ich habe doch auch Angst, denkt Hadi, aber wir müssen das einfach schaffen, eine andere Lösung gibt es nicht.

Der dritte Advent. Eisig ist es geworden! Die Heizung in der Erstaufnahme ist schon wieder ausgefallen, und nachts schmiegen Hadi, Fatima und die Kinder sich eng aneinander unter die vier Decken. Kalt bleibt es trotzdem, und kalt scheint auch Fatimas Seele zu sein. Seit Tagen flackert kein Licht in ihren Augen, ist kein Lächeln in ihren Zügen. Sie geht, steht, sitzt traurig. Bewegt sich wie in Zeitlupe. Hadi spricht mit ihr, sagt viele liebe Dinge, doch dringt nicht zu ihr vor.

Omar tut es seiner Mutter gleich. Nur Lina, die kleine Prinzessin, lacht und singt, als wäre alles wie früher.

Und dann kommt da dieser Tag, da ist ganz viel anders. Ein Tag vor Weihnachten, und draußen ist es kälter, als Hadi es je erlebt hat. Er tritt zum Rauchen vor die Tür und sieht seinen eigenen Atem. Auch den Atem der Nachbarn, die weißen Wolken in der Luft, kann man nahezu greifen. Rachid aus der Kleiderkammer läuft herum und verteilt Mützen und Handschuhe. „Minus 10 Grad!", ruft er eindringlich. Gestern haben sie endlich die Heizung repariert, denkt Hadi dankbar. „Du", sagt er zu seiner Frau, als er das Zimmer wieder betritt, „du bleibst heute drinnen. Du würdest erfrieren!" – „Quatsch!", sagt sie. „Ich ziehe zwei Pullover an und gehe mit raus. Jetzt hast du mich neugierig gemacht!" Ihrer eigenen Logik folgend wickelt sie ihr wärmstes Kopftuch um sich und packt Lina in einen rosaroten Schneeanzug. Omar hat sich derweilen schon selbst eingemummelt.

Kurz darauf laufen, nein schlittern sie den Fußweg am Waldrand entlang, der von der Erstaufnahme hinunter in die Stadt führt. Fatima sagt lange nichts, und auch Omar und Lina sind still. Es fühlt sich beklemmend an, und Hadi beginnt, von seinem Deutschkurs zu erzählen. Erst von den Menschen dort – dem Lehrer, Cem, Sawsan, Younis und den anderen. Von ihren

Ländern, der Türkei, dem Irak, Afghanistan, Eritrea, Nigeria. Dann, als niemand reagiert, aber auch niemand widerspricht, berichtet Hadi, was er über den Propheten Jesus und seinen Advent erfahren hat. Er erzählt von Maria und Josef an der Krippe und vom Stern, der den drei Königen den Weg zum Kind wies. Er versucht, den Duft von Tannengrün zu beschreiben – in Arabisch und Deutsch – und, als er meint, in den Gesichtern seiner Familie etwas wie Interesse zu erkennen, was in Kinderpunsch steckt. Während er spricht und gestikuliert und versucht, neue Wörter – deutsche Wörter – einzufangen, die durch seinen Kopf schwirren wie überdrehte Mücken, übersieht Hadi eine kleine Eisplatte, die sich auf dem Gehweg gebildet hat. Der Boden entgleitet seinen Füßen, er rudert mit den Armen, versucht Halt zu finden, doch landet unsanft auf dem Allerwertesten. Hadi will gerade schimpfen, da hört er ein lange vermisstes Geräusch: Lachen in Stereo. Das von Omar, hell und klar, und das von Fatima, voll und dröhnend. Lina jauchzt förmlich, und da stimmt auch Hadi ein, mit schmerzendem Hintern, aber auch erfüllt von Hoffnung. Advent heißt Ankunft, fällt ihm ein, und vielleicht kommen wir ja doch noch richtig hier an?

Oh du Fröhliche
oder
Die neue deutsche Armut

Manfred Wiedemann

Oh du selige Weihnachtszeit.
Alle Wege sind verschneit.
Wald und Feld sind wie verwandelt,
Has und Fuchs ham sich verbandelt.
Keiner tut dem andern weh,
Weihnacht ist's, mit sehr viel Schnee.

Doch wie sieht es wirklich aus?
Die Katze frisst auch heut' die Maus.
Mit Schnee hat's wieder nicht geklappt,
es ist alles wieder, wie gehabt.

Die Menschen rennen wie besessen,
zu den Geschäften … nur nichts vergessen.
Die Mama kriegt 'nen Ring aus Gold,
der Papa Schnaps, sogar verzollt!

Und auch, für alle ist das schlau,
einen nagelneuen Flach-Bild TV.
Ist das Programm auch häufig Mist,
das Bild jetzt einfach besser ist.

Einen Computer noch für unsern Fritz,
man gönnt sich sonst ja leider nichts!
Der Max, der muss ein Fahrrad haben,
die Anne einen Einkaufsladen,
mit elektronischer Kasse, zum Registrieren,
dann kann beim Einkauf nichts passieren.

Der Onkel kriegt 'nen Fress-Gutschein,
denn Ordnung muss ja schließlich sein.
An die Tante hat man auch gedacht,
weil die so gute Plätzchen macht.
Drum schenkt man ihr zum Weihnachtsfeste,
eine warme Decke, das ist das Beste.

Und schließlich gibt's auch dieses Jahr,
gerad' so viel, wie's immer war.
Man tut sich schwer mit den Geschenken,
denn ständig muss man daran denken,
dass die Balance wird eingehalten …
das ist nicht einfach zu gestalten.

Man schenkt doch nur, so will's der Brauch,
genau so viel, wie der andere auch.
So wird's zwar rein zum Tauschgeschäft,
doch das ist einfach nur gerecht.

Wer schenkt denn wem ein gutes Stück,
mit Wissen, es kommt nichts zurück?!
Es wär ja alles wunderschön,
wär nur ein bisschen Schnee zu seh'n.

Wie früher halt, als man zufrieden,
mit Äpfeln und mit Plätzchentüten.
Und mit 'nem Pferdepaar aus Holz,
da blickten Kinderaugen stolz …

Doch halt, ich glaub, es hat geschneit.
Verdammt noch mal, jetzt ist's soweit.
Hat das denn heut' noch müssen sein?
Ich fahr jetzt schnell das Auto rein.

Jetzt muss ich wieder Schnee wegräumen,
das darf ich keinesfalls versäumen.
Denn morgen schon, in aller Früh,
geht's in die Berge, da fahr ich Ski.

Der allererste Weihnachts-Einsatz

Petra Plaum

In der Nacht vor Heiligabend wählte ich mein Nachtquartier so, dass der früheste Hahn Deutschlands mich aufweckte. Es gab viel zu tun: Erstens feierte das ganze Land Weihnachten, zweitens war ich neu in dieser Position und wollte alles so gut wie möglich machen. Direkt nach dem „Kikeriki" wusch ich mich am Teich und kleidete mich aus dem Altkleidercontainer, sodass ich wie ein Mensch aussah: Die Jeans waren noch nicht unmodern, die graue Jacke knitterte nur ein bisschen und die Turnschuhe passten fast perfekt. So konnte ich mich auf die Straße wagen.

Zuvor massierte ich die Kühe des Bauern, dessen Stall mich beherbergt hatte. Sie würden heute besonders viel Milch geben. Danach bekamen der Hahn und die Hennen frische Kräuter und beste Körner. Anschließend schlich ich mich durchs stille Dorf. Ein Auto war vor einer Hofeinfahrt geparkt – das würde Ärger geben. Also öffnete ich die Türe, löste die Handbremse, schob es aus der Halteverbotszone und schloss es wieder. Einmal Weihnachtsstress verhindert!

Vor der Kirche sah ich einen älteren Mann, der seinen Hund spazieren führte. Kurz später passierte ich einen jungen Mann, der einen Wagen mit Zeitungen hinter sich herzog. Er ächzte. Mir kam eine Idee. Ich verwickelte den Älteren in ein Gespräch und lotste ihn zu dem Jungen. „Ein toller Hund!", lobte dieser. „Danke! Sie haben heute aber viele Zeitungen", erwiderte der Ältere, „kann ich Ihnen helfen?" Bald gingen die beiden nebeneinander her, den Wagen zu zweit ziehend, und der Hund sprang freudig um sie herum.

In der Backstube herrschte Hochbetrieb – und im noch menschenleeren Verkaufsraum waren Mehlpäckchen aus dem Regal gefallen. Schwuppdiwupp verschaffte ich mir Einlass und räumte auf. So würde das Team sein Tagwerk leichter schaffen. Pfeifend ging ich wieder ins Freie. Mit dem ersten Bus fuhr ich in die Stadt. Meine erste Station war das Krankenhaus, genauer: Die Notaufnahme. Hier desinfizierte ich mich, gab mich als medizinisch versiert zu erkennen, stillte eine oberflächliche Blutung und diagnostizierte Prellungen und Verstauchungen. Die Hälfte der wartenden Patienten verließ die Klinik optimal versorgt und guter Dinge, ohne einen Arzt gesehen zu haben.

Danach ging ich auf Stationen, tröstete einen Mann, dessen Vater verstorben war und betete mit einer Seniorin, deren Schwester im Koma lag. Anschließend half ich der Kantinenchefin beim Putzen. Bis mein Blick auf die Uhr fiel: Zeit, woanders anzupacken! In der Wärmestube für Obdachlose hörte ich den Menschen zu und half durch einfache Handgriffe. Dasselbe tat ich danach bei Asylbewerbern. Und später im Seniorenheim. Kurz vor Ladenschluss eilte ich in den größten Supermarkt. Ich hob Heruntergefallenes auf, half den Mitarbeitern beim Aufräumen und Aufputzen. Wo Kinder ausbüxten, brachte ich sie wohlbehalten zu den Eltern zurück.

Den frühen Abend verbrachte ich bei Alleinstehenden, Paaren und Familien. Ich höre zum Glück besonders gut, auch durch Wände, auch die Zwischentöne. Wer sich einsam fühlte, bei dem klingelte ich als Weihnachtsmann verkleidet und brachte ihn zum Lachen. Wo Menschen stritten, lenkte ich sie dadurch ab, dass ich falsch singend vor ihrer Haustür aufkreuzte. Sie hielten mich für einen Verrückten und schickten mich weg – aber hinterher lachten sie. Gemeinsam.

Ein Dönertaxi-Fahrer fragte mich nach dem Weg in die Schillerstraße. „Ich kenn mich hier so was von noch nicht aus", seufzte er. „Ich schon! Lass mich dein Navi sein", bot ich an. So half ich ihm durch die Straßen und rettete drei Katzen und einem Igel das Leben, die er ohne mich übersehen hätte.

Ab zehn setzte ich mich in eine Kneipe und hielt

deren Gäste vom Besäufnis ab. Vor allem durch Zuhören. Einigen bestellte ich alkoholfreies Bier. Die Kneipenchefin machte mit. Niemand merkte etwas.

Morgens um sechs erstattete ich dem Chef Bericht.

„Wie war ich?", fragte ich.

„Nicht schlecht fürs erste Mal", antwortete er. „Aber um als Weihnachtsengel eine Zukunft zu haben, musst du bis zum nächsten Jahr einiges lernen."

„Hä?", entfuhr mir. „Aber ich hab doch ... ich war doch ..."

„Aufmerksam, fleißig und hilfsbereit, richtig", antwortete er. „Aber 24 Stunden ohne Pause? Das ist zu lang. Schon mal was von Burnout gehört? Wäre schade um dich. Und zweitens ..."

„Zweitens?"

„Vertrau den Menschen. Du kannst viel an sie delegieren. Das klappt, wenn du sie schon ein paar Wochen vor dem Fest kontaktierst. In kleinen Dosen. Dann legen sie vielleicht Vorräte für die Festtage an, sodass es in den Läden weniger Stress gibt. Sie hören einander zu, helfen ehrenamtlich, halten zusammen. Verstanden?"

„Verstanden! Und was mach ich jetzt?"

„Pause. Ruh dich gut aus – in der Neujahrsnacht hast du den nächsten Einsatz. Wo Feuerwerk und Alkohol im Spiel sind, braucht es umsichtige Schutzengel. Und damit gesegnete Feiertage!"

Das wünschte ich meinem Chef-Engel ebenfalls. Und im Geiste auch den Menschen und Tieren, die mir begegnet waren.

Eine sonderbare Begegnung

Alfred Bäurle

Das Mädchen saß leicht nach vorne gebeugt und mit gesenktem Kopf auf einer Bank in der Fußgängerzone. Es mag vielleicht 16 Jahre alt gewesen sein. Ausgesprochen modebewusst war es anscheinend nicht. Wenngleich es durchaus ordentlich gekleidet war. Aber irgendwie, so schien es wenigstens, hatte es die Trends der letzten Zeit ignoriert. Dabei hatte es ein anmutiges, ebenmäßiges Gesicht. Die großen, dunklen Augen wirkten verträumt und welterfahren zugleich. Das Lächeln, das den gütigen, ungeschminkten Mund umspielte, verriet, dass es ein Geheimnis kannte. Die wogende Menschenmenge, die sich vor den Weihnachtsmarktbuden drängte, vermochte dies offenbar nicht wahrzunehmen. Es hätte, wenn das Outfit zeitgemäß gewesen wäre, durchaus auf die Titelseite eines Modejournals gepasst. Ich beobachtete die junge Frau eine ganze Weile und hatte das Gefühl, dass sie in sich selbst hineinhorchte, sich aber sicher und geborgen wusste.

Gerade als ich daran dachte, zu ihr hinzugehen, um etwas mehr über sie zu erfahren, setzte sich eine elegant gekleidete Dame zu dem Mädchen auf die Bank. Das Alter der Frau war nicht einfach zu schätzen. Ihr Gesicht war geschminkt, die langen modisch gestylten Haare fielen locker über ihre Schultern. Der Mund verriet Entschlossenheit. Die etwas hervorstehenden Wangenknochen deuteten darauf hin, dass sie großen Wert auf eine schlanke, sportliche Figur legte. Es dauerte nicht lange und die Blicke der so unterschiedlichen Frauen trafen sich. Ein kaum zu bemerkendes, spöttisches Lächeln umflog die Lippen der Dame, bevor sie anfing zu reden. Sie sprach wortgewandt, in absolut druckreifen, vollständigen Sätzen und sie redete, redete, redete vor allem über sich selbst. Sie sprach laut, so konnte ich alles mühelos mithören. Ihre berufliche Laufbahn sei wie eine Bilderbuchkarriere verlaufen. Abitur, Studium der Volkswirtschaft, glänzender Abschluss, Anstellung als Direktrice eines namhaften Modeunternehmens.

Das Mädchen hörte sich geduldig den Redefluss der so erfolgreichen Frau an, schien aber nicht im Geringsten beeindruckt zu sein. Im Gegenteil, ein mitleidiges Schmunzeln huschte über ihr Gesicht. Die Dame bemerkte dies aber nicht, denn sogleich fing sie damit an, ihren stabsfeldmäßig geplanten Lebensentwurf wortreich auszubreiten.

„Haben sie Familie und Kinder?", fragte die geduldig Zuhörende dazwischen, als die offenbar beruflich sehr erfolgreiche Frau einmal Atem holte. Beinahe hätte sich die Dame verschluckt, so unerwartet kam für sie die Frage des Mädchens.

„Familie? Nein! Verheiratet war ich schon! Aber es ist nicht gutgegangen. Ja, einmal bin ich schwanger geworden, ungewollt, und dies ausgerechnet in einer Situation, die alles auf den Kopf gestellt hätte, was ich bisher erreicht hatte. Aber das ist ja nun heute wirklich kein Problem mehr!", fuhr sie fort. „Beratung, ein Tag Klinikaufenthalt und der Fall war aus der Welt geschafft."

Das Mädchen verspürte, dass die so selbstsicher wirkende Frau etwas nachdenklich wurde, so als ob ihr damaliges Handeln doch innerlich an ihr nagte. Aber diese Regung hatte sie schnell wieder im Griff und fuhr fort. „Mein Ex wollte zwar Kinder, Familie, ein gemütliches Heim und ähnliche Karriereschranken. Dabei hatte auch er einen gut dotierten Posten bei einem Energieunternehmen. Wir konnten es uns mühelos leisten, eine luxuriös ausgestattete Penthouse-Wohnung zu mieten. Unsere Partys an Heiligabend waren bei unseren Freunden sehr beliebt. Der Sekt, Krimsekt natürlich, floss in Strömen, und ein renommiertes Cateringunternehmen brachte exquisite Speisen, Köstlichkeiten aus aller Herren Länder."

Sie schwelgte darin, von ihrem Überfluss zu erzählen. So bemerkte sie natürlich nicht, dass dem Mädchen die Tränen in die Augen traten.

„Weihnachten haben wir immer gebührend gefeiert", hob sie erneut an. „Lichter, Kerzen, Musik aus meiner sündhaft teuren Stereoanlage, erlesener Wein und andere Köstlichkeiten. Ja, Weihnachten ist schon ein ganz besonderes Fest", meinte sie noch und mimte, irgendwie gekünstelt wirkend, Rührseligkeit.

Einige Herzschläge lang war es nun still.

„Myriam, Myriam, da bist du ja, ich habe dich gesucht!", drang in die Stille hinein die Stimme eines nicht mehr so ganz jungen Mannes. Seine Kleidung verriet, dass auch er sich der Diktatur der Modeschöpfer nicht unterworfen hatte. „Komm, wir wollen heimgehen, es ist schon spät."

„Du hast Recht, Joseph" antwortete Myriam.

Sie stand sogleich auf, lief dem Mann entgegen, um sich nach wenigen Schritten doch noch einmal der vornehmen Frau zuzuwenden.

Die Erfolgreiche erschrak, als sie gerade noch die Worte des Mädchens, aus denen sie keinen Hauch des Vorwurfs herauszuhören vermochte, vernahm.

„Hätte ich damals so gehandelt wie du, könnte die Menschheit heute nicht Weihnachten feiern."

Feliz navidad!

Daniela Graf

Wir lebten einen Traum. Seit September waren Axel und ich mit dem Camper unterwegs durch das große, schöne, sonnengetränkte Land Spanien. Nachdem wir die Atlantikküste passiert und einmal quer von der Künstler- und Studentenstadt Salamanca über Madrid nach Barcelona gereist waren, machten wir kurz vor Weihnachten in Tarifa Halt. Während der letzten Tage hatte ich unseren Lieben zu Hause selbst Socken und Schals in bunten Farben gestrickt. Mein neues Hobby verdankte ich einer rüstigen Rentnerin, die ebenfalls ein paar Monate auf Tour war und mir am Strand von Valencia beigebracht hatte, die einzigartigen Fußwärmer zu fertigen. Das Weihnachtsfest wollten wir mit Aussteigern und Hippies, die hier irgendwo ihre Residenz hatten, gemeinsam feiern. Andere Reisende und auch Deutsche, die nach Spanien ausgewandert waren, hatten uns von der etwas abseits gelegenen Kommune erzählt. Doch es war gar nicht so leicht, diese zu finden. Wir erledigten unsere Einkäufe im Supermarkt. Was mich an den spanischen Supermercados besonders beeindruckte, waren die

Wartenden an der Kasse. Keiner der Kunden wirkte genervt oder machte den Eindruck, schnell wieder nach Hause oder zur Arbeit zu müssen. Man unterhielt sich miteinander, erzählte sich den neuesten Tratsch und scherzte mit der Kassiererin. Außerdem liebte ich den Duft nach frischen Kräutern und Tomaten.

Wir fragten die sympathischen Supermarktmitarbeiter nach diesem kleinen Aussteigerdorf. Leider konnten sie uns nicht erklären, welchen Weg wir einschlagen sollten. Als wir unsere Einkäufe im Camper verstauen wollten, standen wir vor einem Problem: Das linke hintere Rad war mit einem Messer aufgeschlitzt worden. Zum Glück eilte uns ein LKW-Fahrer, der lange Zeit in Deutschland gelebt hatte, zu Hilfe und tauschte den malträtierten Reifen gegen das Ersatzrad aus. Er hatte den Platten und unsere entsetzten Gesichter gesehen, als er den Parkplatz gerade verlassen wollte und nachdem ihm das deutsche Kennzeichen aufgefallen war und er der Sprache mächtig war, entschloss er sich, uns anzusprechen. Mit gekonnten Handgriffen löste er die Schrauben und im Nu saß das Ersatzrad perfekt an der Reifenaufhängung. Bezüglich des Projekts „Weihnachten unter Hippies" konnte er uns bedauerlicherweise auch nicht weiterhelfen. Dankbar wünschten wir ihm eine gute Weiterfahrt und schöne Adventszeit. Für seine Unterstützung schenkten wir ihm noch eine Flasche Moscatel und Süßigkeiten.

26 Grad im Schatten und wir hatten den Hinweis bekommen, uns an die „Schweinewiese" zu halten. Der Tipp stammte von zwei frisch verliebten Spaniern, die wir auf einem Stellplatz in der Nähe des Strandes kennen gelernt hatten. Die beiden wohnten eigentlich im Norden, machten aber an der Südküste Urlaub.

Nach einer langen Fahrt, die immer wieder in Sackgassen führte, kam uns auf einer Schotterpiste ein alternativ aussehendes Pärchen auf einem Roller entgegen. „*Na endlich!*", dachten wir und winkten dem jungen Glück freudig zu. Als sie angehalten hatten, fragten wir die beiden in spanischer Sprache, ob wir denn hier richtig seien. „*Wir wollen euch hier nicht!*", bekamen wir zur Antwort. „*Geht wieder dahin, wo ihr hergekommen seid.*" Das war's also mit bunten Lichtern, zu chilliger Musik tanzenden Menschen und vegetarischem Weihnachtsmenü. Egal. „*Dann suchen wir uns einfach einen schönen Platz, an dem wir feiern können*", meinte ich zu Axel – und tatsächlich: Wir fanden eine etwas abgeschiedene Bucht, die auch schon einen Camper zum Verweilen eingeladen hatte. Den wunderschönen Sonnenuntergang genießend, tranken wir vor unserem mobilen Heim ein Glas Rotwein. Der nette Herr, Mitte 40, gesellte sich zu uns und wir erzählten uns die erlebten Geschichten. Ich fragte ihn, ob er nicht Lust hätte, mit uns gemeinsam am nächsten Tag Weihnachten zu feiern – und er nahm die Einladung gerne an. Am Morgen begann ich mit Hilfe von Wattepads und dünnen Fäden, Schneetreiben zu simulieren und bastelte aus weißem Papier Schneeflocken, die wir im Wohnmobil und den umliegenden Bäumen platzierten. Kerzen und Petroleumlampen wurden überall aufgestellt und bei Einbruch der Dunkelheit angezündet. Ich war schon ein klein wenig stolz, aus quasi nichts ein romantisches, weihnachtliches Ambiente geschaffen zu haben. Tim, unser Nachbar, war gleichermaßen verzaubert. Es war auch sein erstes Weihnachtsfest in einem anderen Land. Seine Augen leuchteten und er freute sich an den vielen Kerzen und der stimmungsvollen Dekoration. Er hatte Wein und Knabbereien mitgebracht, die auf dem Klapptisch Platz fanden. Die Campingkochausrüstung musste nun alles leisten, was sie konnte. Es wurden Bratkartoffeln, vegetarische Würstchen, Reis und Bohnen aufgetischt, verschiedene Salate dazu, und natürlich gab es eine leckere Nachspeise. Ich liebte die Spanier auch für ihren köstlichen Flan, den ich aber nicht selbst gemacht, sondern gekauft hatte. Tim, Axel und

ich speisten, lachten und zelebrierten den Weihnachts-
abend, und wir sangen Weihnachtslieder zu Axels Gi-
tarrenspiel, wobei „Feliz navidad" natürlich nicht feh-
len durfte. Ein wunderschönes Weihnachten in Spani-
en, das ganz anders als geplant verlaufen war, neigte
sich dem Ende zu und irgendwie waren wir ja doch zu
einem „alternativen Fest" gekommen.

Weihnacht wie's früher war ...

Petra Quaiser

Die Weihnachtszeit war für mich vor über 60 Jahren immer etwas Besonderes. In unserer streng katholischen Mädchenvolksschule sorgten Nonnen dafür, dass die Weihnachtszeit eine besinnliche Zeit war und nach dem christlichen Glauben zelebriert wurde.

In unserer Schulzeit war alles streng getrennt. Da gab es eine katholische und eine evangelische Mädchenschule und eine eigene Schule für die Jungs. In meiner Zeit wurde jede Konfession für sich unterrichtet. Schließlich herrschte in früheren Zeiten Sitte und Ordnung. Die katholischen Mädchen wurden überwiegend von Nonnen aus dem Kloster unterrichtet. Die evangelischen Mädchen hatten weltliche Lehrerinnen und die Jungs ausschließlich Lehrer.

An der Ecke des Lehrertisches unserer Schwester Petra stand in der Weihnachtszeit ein Adventskranz. Er war einfach gehalten. An einem roten Holzständer zogen sich durch eine kleine Kerbe die rot/goldenen Bänder, die dann wieder um den Adventskranz geschlungen waren. Auf dem Kranz steckten vier rote Kerzen, etwas Engelsflitter in Gold und dann war es das schon. Es gab damals keine so üppigen Kränze oder Gestecke. Nein, nur etwas Schlichtes. Schaute man in das warme Kerzenlicht am Adventskranz, dann wirkte dieser heimelig. Es war überhaupt während der Weihnachtszeit in der Schule alles anders.

Wenn unsere Schwester Petra gut gelaunt war, beziehungsweise wenn wir folgsam waren, dann las sie uns in dieser Zeit schon mal aus einem Buch vor. Da war Pinocchio, das hölzerne Männchen oder die Geschichte von Heidi und dem Geissenpeter. Wir lauschten den Erzählungen von der Heilige Familie, der Geburt Jesu im Stall, den Hirten und Engeln. Der Besuch der Heiligen Drei Könige mit den Geschenken, die wir nicht kannten, Weihrauch, Myrrhe und Gold war aufregend. Innerlich zitternd verfolgten wir die Flucht der Heiligen Familie nach Ägypten.

Die Bilder, die damals vor unseren Kinderaugen aufstiegen waren Abenteuer pur. Man litt mit Maria und Josef und dem kleinen Jesuskind. Da saßen wir dann da mit heißen, roten Wangen. Man stellte Fragen, war etwas durcheinander, und unsere Schwester Petra hat uns alles genau erklärt. Wir kleinen Mädchen fanden das aufregend und lauschten den Erzählungen und Lesungen.

Wir hatten nachmittags oft Unterricht und je nachdem, wie die Wetterlage war, dämmerte es schon, und wir saßen noch auf der Schulbank. Da war es dann gemütlich im Klassenzimmer, wenn die Kerzen brannten und das grelle Licht an der Decke ausgeschaltet war. Es roch dann sogar nach Weihnachten, nach Advent. Vermutlich war es der Adventskranz, der seinen Tannenduft verbreitete. Wir Kinder brachten kleine Proben Plätzchen mit, die wir dann gemeinsam gegessen haben. Wie war das lecker, wenn man fremdes Weihnachtsgebäck naschte. „Überall backt man gut." So auf jeden Fall hat das immer meine Großmutter gesagt. Und die musste es ja wissen.

An der Wand in der Schule hing ein großer Adventskalender. Der war aus lauter kleinen Jutesäckchen selbst gebastelt von den älteren Schülerinnen an der Akademie im Kloster. Diese Säckchen wiederum waren mit einem goldenen Band zugebunden und hingen an einer Kordel, und das gesamte Werk zierte die Wand. Meist steckten kleine Naschereien in den Säckchen. Das war damals schon etwas Besonderes, denn viel zu naschen gab es unter der Zeit nicht.

Da wir 48 Kinder in der Klasse waren, teilten sich immer zwei ein Adventssäckchen. Das war für uns damals normal. Keiner war mit großen Reichtümern versehen. Jeder hatte Geschwister, da war man Teilen gewohnt. Aufregend war es, wenn uns die Lehrerin die kleine Schere reichte und wir das goldene Band durchtrennen durften und dann das Säckchen in der Hand hielten.

Zuhause hatten wir meistens nur einen kleinen Adventskalender mit 24 Türchen. Wenn man sie öffnete, dann lachte einem da ein buntes Bild entgegen. Ein Tannenbaum, ein Pilz oder ein Schneemann. Die Oberfläche des Adventskalenders war ein Winter- oder Weihnachtsbild mit Glitzerstreu versehen.

Etwas Außergewöhnliches war die kleine Gipsfigur, die ebenfalls auf dem Pult unserer Lehrerin stand. Die Figur stellte einen sitzenden schwarzen Jungen dar. Er trug eine dunkelgrüne Hose und ein dunkelrotes Oberteil, beziehungsweise die Gipsfigur war so bemalt. Mit beiden Händen umklammerte er eine kleine, dunkelbraune Box mit einem schmalen Schlitz, dessen Öffnung im Bauch der Figur endete. Wir Schulkinder waren aufgefordert, in der Adventszeit an die armen Kinder in Afrika zu denken und unser Taschengeld zu teilen oder eben das zu geben, was möglich war. Seien es nur zehn Pfennige. Mehr waren es nicht, denn wir Kinder hatten ja kaum Geld, da gab es nichts zu spenden. Das Lustigste dabei war, wenn der Groschen oder das Geldstück durch den Schlitz in den darunter liegenden Kasten gesteckt wurde. Dann löste das Geldstück einen Mechanismus aus und die kleine Gipsfigur bedankte sich mit einem Kopfnicken. Das sah so nett aus, dass man statt zehn Pfennig zweimal fünf Pfennige einwarf und somit zweimal die Freude an dem Nicken des Kopfes hatte.

Schon zu Beginn der Adventszeit verteilte unsere Lehrerin an jedes Kind eine Kartonage in der Größe DIN-A4. Da waren Muster ausgestanzt, die dann von uns zerlegt und zusammengebaut wurden. Mit Feuereifer gingen wir an die Arbeit. Heraus kam eine kleine Krippe aus Pappe, die oben auf dem Dach den Stern von Bethlehem trug. Auf dem Krippendach war ein schmaler Schlitz. Diese Pappkrippe diente unserem Opfer für die Missionsstationen beziehungsweise Adveniat und Misereor. Die kleine Faltschachtel mit der Opfergabe wurde in der Christnacht oder am ersten Weihnachtsfeiertag, im Gottesdienst eingesammelt.

Wir kleinen Mädchen wurden schon früh angehalten zu sparen beziehungsweise. zu teilen und zu spenden. Dafür erzählte uns aber unsere Schwester Petra aus dem fernen Afrika, wie dort die Menschen lebten, und dass es den Kindern nicht so gut ging wie uns. Es machte Freude diesen Erzählungen zu lauschen und sich die Bilder aus dem heißen, für uns damals unerreichbaren Kontinent vor Augen zu halten.

In der Vorweihnachtszeit gab es in der Schule eine Theatergruppe. Die studierte mit Unterstützung der Lehrer ein Krippenspiel ein. Meist war es die Herbergssuche bis zum Stall von Bethlehem, in dem Jesus geboren wurde. Es kamen die Engel zu den Hirten auf das Feld und verkündeten die Frohe Botschaft.

Das Theaterstück wurde dann kurz vor den Weihnachtsferien im Kloster aufgeführt. Wir Kinder saßen dann aufgeregt auf unseren Stühlen und träumten davon, einmal die Maria oder einen Engel zu spielen. Eltern, Nonnen, der Stadtpfarrer und andere Gäste saßen im Zuschauerraum. Mein Gott, das war alles so aufregend. Der Schülerchor sang, einige Mädchen, sie waren schon älter als wir, spielten mit ihren Instrumenten, mit der Flöte, Gitarre oder dem Klavier. Am Ende sangen wir gemeinsam altbekannte Weihnachtslieder.

In der Weihnachtszeit war Beten angesagt. Schließlich besuchten wir eine katholische Mädchenvolksschule und wurden von Nonnen in einer fast klösterlichen Erziehung in das Leben geführt. Und diese Führung war streng, richtig streng. Nur in der Weihnachtszeit, da war alles anders.

Viele Schulkinder wohnten am Stadtrand und in den neugebauten Wohnvierteln. Die hatten einen weiten Weg zur Schule. Gefahren wurde damals keiner. Ein Auto besaßen die wenigsten Eltern und ein Fahrrad hatte kaum ein Kind.

Schnee gab es meistens schon in der Vorweihnachtszeit. Und das gefiel uns. Selbst wenn es dann länger dauerte, den Weg in die Schule zu stapfen. Damals war kaum Verkehr, die Straßen nicht ordentlich oder gar nicht geräumt. Der Gehweg war meist mit hartem, festgetretenen Schnee überzogen. Es gab keinen üppigen Weihnachtsschmuck in der Stadt oder auf den Straßen. Auch keinen Weihnachtsmarkt und wochenlanges Gedudel der sonst so feierlichen Weihnachtslieder.

Weihnachten und die Adventszeit waren Aufregung und Vorfreude pur. Die wenigen, besinnlichen Veranstaltungen gaben ein warmes Gefühl. Heute ist alles überfüllt und übertrieben während der Weihnachtszeit. Am Ende hat man die Nase voll und ist froh, wenn dieser Rummel vorbei ist. Das war damals nicht der Fall. Es war draußen winterlich und drinnen warm und kuschelig und eben immer nur kleine Freuden zwischendurch.

Wochen vor Weihnachten spürte man die Heimlichkeiten im Haus. Die Eltern besorgten die Geschenke, versteckten sie, denn keiner durfte sie vorher sehen. Schließlich brachte doch das Christkind die Gaben oder der Weihnachtsmann und nicht die Eltern. Es wurde lange vorher schon gebacken. Tag für Tag. Viele Plätzchen und Stollen. Damals brachte meine Mutter die großen Stollen zum Bäcker um die

Ecke. Der schob sie in seinen Ofen und buk sie auf einmal. Mein Gott, wie sie dufteten. Sie waren so knackig frisch und mit Puderzucker überzogen. Wenn die Mutter dann an einem Adventssonntag das Weihnachtsgebäck anschnitt, dann saßen wir um den Küchentisch herum und schauten uns lachend an. Ja, wir freuten uns auf die seltenen Leckereien.

Kurz vor Weihnachten ging die Mutter immer öfter zum Kaufmann und trug nach und nach alles nach Hause, was so für die Weihnachtsfeiertage benötigt wurde. Orangen und Mandarinen, Äpfel, Nüsse und Naschereien. Es roch so herrlich in der Speisekammer. Manchmal schälte uns die Mutter eine Orange oder Mandarine, stellte uns einen kleinen Teller mit Plätzchen dazu. Aber nur selten, schließlich sollten die Köstlichkeiten ja den Weihnachtstisch zieren.

Am Heiligen Abend selbst war dann Hektik angesagt. Da wurde geräumt und gearbeitet. Das Wohnzimmer durften meine Schwester und ich nicht mehr betreten. Die Mutter stand mit hochroten Wangen in der Küche. Aber auch mein Vater werkelte dort. Er zauberte leckere Dinge aus seiner alten Heimat Schlesien, das, was seine Mutter zu Weihnachten immer vorbereitet hatte. Schon die Stollen waren ein schlesisches Rezept. Für Heilig Abend bereitete er dann Mohnklöße und einen Heringssalat zu, so wie er das

146

aus seiner Kindheit kannte. Er hatte es total wichtig an diesem Tag und manchmal gerieten sich die Eltern sogar in die Wolle vor lauter Vorbereitungsstress.

Der Kartoffelsalat meines Vaters war das reinste Kunstwerk. Mit Liebe dekoriert, war das ein wahrer Augenschmaus. Dazu gab es Bratwürste. Das war bei uns so Tradition und ich kann mich nicht daran erinnern, dass es am Heiligen Abend mal etwas anderes zu essen gab.

Das Schmücken des Weihnachtsbaumes übernahm mein Vater. Er ging mit viel Liebe ans Werk. Jeden Lamettastreifen hängte er einzeln auf die Zweige, die echten Wachskerzen, bunte Kugeln und Zuckerwerk. Unter dem Baum stand die Krippe, die er selbst gebaut hatte. Da war ein Fluss aus Silberpapier, das Feuer der Hirten, darüber ein kleines Holzgestell, daran hing ein Metallkessel. Die Krippe war beleuchtet, das Feuer flackerte, alles war mit Moos ausgepolstert. Es war wie eine Puppenstube.

Die Aufregung, die Hektik, der Geruch, der an diesem 24. Dezember durch das Haus drang, das alles fühle und rieche ich heute noch. Uns selbst haben die Eltern meistens an diesem Tag in die Stadt zu unserer Großmutter geschickt. Wir sind zu Fuß reingelaufen, haben bei ihr den Nachmittag verbracht und sind dann mit ihr zusammen von der Stadt in unser Wohnviertel gelaufen. Das hat sich lange hingezogen. Eine halbe Stunde waren wir da mindestens unterwegs. Meistens gab es Schnee und es war kalt. Ausgefroren kamen wir zuhause an. Alles schien jetzt ruhig und friedlich. Keine Hektik mehr. Es war, als wäre von allen eine Last abgefallen. Der Tisch war gedeckt, die Bratwürste brutzelten in der schwarzen, gusseisernen Pfanne. Der herrliche Kartoffelsalat stand mitten auf dem Tisch. An diesem Abend gab es auch Bier oder Radler zum Abendessen. Sektempfang oder ähnlichen Schnickschnack mit Cocktails und was es heute so alles gibt, das gab es damals nicht. Es war schlicht, feierlich und sehr heimelig.

Wenn die Küche nach dem Essen aufgeräumt war, dann verschwand mein Vater und kurz darauf hörte man das Klingen einer Glocke. Das bedeutete, das Christkind war da. Endlich, jetzt war es soweit. Wir durften in das Wohnzimmer eintreten. Unser Blick fiel auf den geschmückten Baum, auf die zahlreichen Lichter, die da am Baum leuchteten. Zunächst waren nur der Baum und die Krippe zu sehen. Auf dem Tisch daneben standen die Geschenke, liebevoll eingepackt, und auf dem Wohnzimmertisch lockten Schalen mit Obst, Plätzchen, Nüssen und Marzipan. Im Hintergrund erklang leise Weihnachtsmusik. Es roch nach Tannennadeln, nach dem Feuer im Ofen, nach Orangen und Mandarinen. Eben nach Weihnachten. Sehr feierlich war uns zumute. Nur langsam betraten meine ältere Schwester und ich den Raum. Wir schauten uns an, lachten, sahen den Vater neben dem Tisch. Unsere Mutter und Großmutter standen hinter uns. Und dann gab es die Geschenke. Es gab nicht alles, was wir uns wünschten. Aber es wurden immer ein großer und ein kleiner Wunsch erfüllt. Meine Eltern waren finanziell nicht auf Rosen gebettet. Sie hatten ein Haus gebaut, Schulden mussten bezahlt werden und doch haben sie alles unternommen, um uns an Heilig Abend eine schöne Bescherung zu bereiten. Mein Vater war da immer der treibende Keil. Für ihn war dieser Abend wichtig, ebenso die Geschenke für die ganze Familie. Er hat jedes Jahr meiner Mutter von seinem schmalen Taschengeld persönlich etwas gekauft und sie damit überrascht. Und als wir Kinder älter waren und es in den Firmen üblich war, eine Weihnachtsgratifikation zu zahlen, da hat er sein Weihnachtsgeld genommen, ist in die Stadt gegangen und hat für jede seiner „drei Frauen" ein persönliches Geschenk gekauft. Wenn es Kleidung war, so hat sie gepasst, war geschmacklich und modisch ausgewählt. Er kannte genau unsere Wünsche und Vorstellungen.

Es war gemütlich im Weihnachtszimmer unserer Eltern. Wir sangen Lieder, Jahre später spielte ich mit der Gitarre dazu. Am schönsten aber waren die Erzählungen meines Vaters. Er erzählte an Heilig Abend gerne von seiner Heimat Schlesien. Wie es da bei ihm so war. Dass es da noch viel, viel mehr Schnee gab und es noch viel kälter war als bei uns. Er erzählte, was seine Mutter kochte, dass sie vier Geschwister waren, dass ein Bruder im Krieg gefallen war und seine Schwestern in der Ostzone lebten, weil sie bei Kriegsende nicht nach Süddeutschland gesiedelt sind. Er erklärte uns, dass die brennenden Kerzenlichter, die auf dem Fensterbrett Richtung Osten standen, eine weihnachtliche Verbindung sei zwischen den Menschen in Ost und West, dem geteilten Deutschland. Alles verstanden haben wir nicht, aber wir fühlten, dass es für die Eltern eine große Bedeutung hatte.

Er berichtete so vieles von sich, dass man ihn mit dreizehn Jahren nach Berlin in der Lehre schickte, dass er sich mit siebzehn zur Kriegsmarine meldete. Trotz trauriger Geschichten war es interessant, ihm zuzuhören. Es war sein Leben und er erzählte anschaulich, man hatte das Gefühl, dabei gewesen zu sein.

Vater war ein großer Erzähler. Zahlreiche Geschichten kannte er auswendig. Meistens die Märchen der Gebrüder Grimm. Diese wiederum hatte ihm seine Mutter als Kind vorgetragen. Ja, es war schön am Heiligen Abend bei uns. Wenn dann die Kerzen abgebrannt waren und gelöscht wurden, dann war er wieder da, der eigentümliche Weihnachtsduft. Meine Schwester und ich schlichen leise in unser Bett, plauderten noch lange, denn wir konnten vor Aufregung nicht einschlafen.

Wir freuten uns auf die nächsten Weihnachtstage, auf die Ferien, auf alles. Am ersten Feiertag besuchten wir die Kirche. Der Gottesdienst war feierlich. Der große Weihnachtsbaum, festlich geschmückt, reichte fast bis an die Decke. Es entstand ein so wohliges Gefühl, wenn die Menschen zusammen das Weihnachtsfest feierten, beteten und die alten Lieder sangen. Damals war es kalt in der Kirche, man konnte den Atem sehen, aber allen war es warm ums Herz. Zuhause garte inzwischen die Weihnachtsgans im Rohr. Nachmittags lockte der Eisplatz mit Schlittschuhlaufen und die Rodelbahnen wurden mit dem Schlitten unsicher gemacht. Oft unternahmen wir am zweiten Weihnachtsfeiertag mit bekannten Familien eine Wanderung zur Alten Bürg (Ausflugslokal). Ausgefroren und ausgehungert kamen wir dort an. Der Rückweg fiel schwer, denn man war träge vom Essen. Die Tage dafür waren unvergesslich. Ja, es war eine schöne Zeit, die Weihnachtszeit wie´s früher war.

Als wir älter waren, besuchten wir nachts gemeinsam die Christmette. Noch heute höre ich das Brausen der Orgel in meinen Ohren, sehe die vielen Menschen, die überfüllte Kirche und ich höre das Lied der Lieder zur Weihnachtszeit, das aus zahlreichen Kehlen erklang. Erst leise und zaghaft, dann aus vollem Herzen „Stille Nacht, Heilige Nacht"! Ja, eine bezaubernde Nacht, diese Heilige Nacht.

Selbst als meine Schwester und ich erwachsen und verheiratet waren, am Weihnachtsabend kamen wir nach Hause. Wir genossen das heimatliche Gefühl, die Gespräche, das Essen und die Gemeinsamkeiten zusammen mit unseren Kindern und Eltern.

Heute lebt unser Vater nicht mehr, die Mutter ist einundneunzig Jahre alt und schon etwas dement. Wir Schwestern und unsere Familien haben einen engen Kontakt. Vieles hat sich verändert, doch eines aus der alten Weihnachtszeit ist geblieben. Die Krippe, die alte Krippe von meinem Vater. Mein Neffe hält sie in Ehren, hat sie überholt und nach dem Schema seines Großvaters restauriert. Die alten Figuren füllen das alte Schmuckstück. Das Feuer bei den Hirten, es flackert genauso wie vor sechzig Jahren. So wie damals die Kerzen und unsere Augen leuchteten und flackerten am Heiligen Abend, zur Weihnacht wie´s früher war.

Weihnachten in der Fremde

Harald Metz

Es war Mitte Dezember 1966 und Weihnachten kam immer näher. Ich weilte hier in Bremen, weit weg von zu Hause, von meiner Mutter, meinen Großeltern und Freunden aus der Heimat. Meine Gedanken kreisten immer wieder um dieses traurige Thema: „Die Freunde, hier im Norden, werden alle ihr Weihnachtsfest bei sich zu Hause feiern und ich habe immer noch keinen Plan, wie ich hier in der Fremde die Festtage verbringen werde".

Eines Abends im Supermarkt, in welchem ich arbeitete, dachte ich wieder mal darüber nach, wie es eigentlich dazu gekommen war, dass ich voraussichtlich ein einsames Weihnachten hier in der Fremde verbringen würde. Plötzlich lief alles wie in einem Film vor mir ab und versetzte mich in die Zeit zurück, in der alles begonnen hatte:

Mitten in meiner „Sturm- und Drangzeit" im Herbst 1965 hatte ich über das Seemannsamt Hamburg auf dem Schiff der Reederei Neptun, der „MS Jason", angeheuert. Nach einer aufregenden Nacht in

Hamburg und der Übernachtung im Seemannsheim führte mein Weg per Zug über Bremen nach Antwerpen. Wo das Schiff, mein neues Zuhause für die nächsten vier Wochen, lag. Am 15. November 1965 betrat ich mit meinem Seesack mein erstes Schiff. „Wo kommst du denn her?", war sofort die erste Frage an Bord. „Aus der Nähe von München", antwortete ich brav. „Schon wieder ein Norditaliener", klang es mir fast verächtlich entgegen. Und es wurde gleich noch der Satz nachgeschoben: „Hat Freddy wieder seine Werbelieder bei euch gesungen?"

Wenigstens ging es dann in geordneten Bahnen weiter und ich konnte meinen Job als Decksarbeiter antreten. Die Fahrt ging durch die Biskaya, vorbei an Portugal, durch die Meerenge von Gibraltar nach Málaga. Von dort fuhren wir nach Djidjelli, heute Jijel, in Marokko und weiter nach Tunis sowie wieder zurück. Das Schiff, die MS Jason, lief am 18. Dezember 1965 in Hamburg ein und ich musterte ab.

Die Heimreise mit Bahn und Bus verlief ohne große Vorkommnisse, bis auf den Moment, als ich aus dem Bus ausstieg und mein kleines Kofferradio einschaltete, denn genau in diesem Augenblick ertönte das Lied „In dieser Stadt war ich mal zu Haus ...", gesungen von Hildegard Knef.

Da ich damals mit meinem Vater nicht besonders

gut klar kam und glaubte, seinen Repressalien schon nach einem halben Jahr wieder entfliehen zu müssen, beschloss ich, wieder zur See zu fahren. Zwar war die Arbeit zum Teil schwer, aber der Verdienst war gut. So kam es, dass ich wieder auf dem Seemannsamt in Hamburg »aufschlug« und für eine »Große Fahrt«, so nannte man das, nach Westafrika anheuerte. Das Schiff war dieses Mal die „MS Mailand" der Reederei Robert M. Sloman jr. und befand sich in Rotterdam. Also wieder in den Zug und dorthin gefahren. Am 28. Juni 1966 trat ich dann auf dem Schiff meinen Dienst als Decksmann und Mess-Steward an.

Die Fahrt ging über Las Palmas auf Gran Canaria nach Pointe-Noire, damals noch Belgisch-Kongo, von dort nach Luanda und Lobito, beides Städte, die seinerzeit noch zu Portugiesisch-Angola gehörten und wo man noch mit Kolonialgeld bezahlte. Zurück fuhren wir über Dakar im Senegal, denn dort mussten wir „bunkern", wie das Aufnehmen von Treibstoffen bei Schiffen heißt.

Am 25. August 1966 legte das Schiff im Freihafen von Bremen-Gröpelingen an und ich überlegte aufgrund der letzten, nicht so erfreulichen, Briefe von meiner Mutter und meinen Großeltern aus der Heimat, ob ich nicht besser erst einmal hier im Norden Fuß fassen sollte. Von meiner Mutter hatte ich die

Adresse einer entfernten Verwandten bekommen. Diese Großtante, eine Cousine meiner Mutter, wohnte in der kleinen Ortschaft Nesse. Ein kleines verträumtes Nest mitten in der Pampa, circa fünf Kilometer südlich von Bremerhaven. Ich konnte im Dorf ein kleines Mansardenzimmer unter dem mit Ried gedeckten Dach eines Bauernhofes für dreißig D-Mark im Monat, was heute circa fünfzehn Euro entspricht, mieten.

Meine erste Arbeitsstelle fand ich als Tellerwäscher im Fischereihafen-Restaurant Natusch, eine damals sehr noble Adresse. Es war die Anlaufstelle der Passagiere, die mit den, wie man sie damals nannte, großen Ozeanriesen aus Übersee ankamen. Dies sollte auf jeden Fall nur eine Übergangslösung sein, bis ich etwas anderes fand. Obwohl ich nichts dagegen gehabt hätte, vom Tellerwäscher zum Millionär zu mutieren, entschied das Schicksal anders und ich fand einen Monat später eine Stelle als Verkäufer im Deutschen Supermarkt in Bremerhaven.

Nach meiner Probezeit schlug mir die Geschäftsleitung vor, dass ich nach Bremen-Gröpelingen als Anwärter für eine Teamleiterposition, man nannte das damals Substitut, wechseln sollte. Da es auch mehr Geld gab, willigte ich sofort ein und zog mit meinem Seesack und den Souvenirs meiner Seefahrt um. In der

Ritterhuder Straße 82, in Bremen-Gröpelingen, bezog ich wiederum ein kleines Mansardenzimmer, dieses Mal jedoch im zweiten Stock mit Blick über den davor liegenden Park. Das Zimmer wurde beheizt durch eine Zentralheizung und das WC befand sich auf dem Flur. Im Zimmer gab es jedoch Waschbecken für die Morgen- und Abendtoilette oder zum Waschen der damals bei Junggesellen so beliebten Nyltest-Hemden: Waschen, über dem Waschbecken zum Trocknen auf den Kleiderbügel gehängt – und – fertig.

Das Zimmer bezahlte übrigens der „Deutsche Supermarkt", da die Versetzung ja auf dessen Wunsch stattfand.

Es gefiel mir ganz gut in der Bremer Geschäftsstelle und der Filialleiter, Herr Jahn, war ein sympathischer älterer Herr, den ich aufgrund seiner Kompetenz und Menschlichkeit respektierte. Ich kam auch sehr gut mit den Kolleginnen und Kollegen klar, vor allem, nachdem ich mir von Mutter das Rezept für Semmelknödel schicken ließ. Schon bei der Zubereitung der Knödel gab es Irritationen und entsprechende Kommentare: „Alte, harte Semmeln in Milch aufgeweicht und dann noch rohes Ei rein, iih!". Als ich sie zum Mittagessen mit Schweinebraten den Kolleginnen und Kollegen servierte, trauten sie sich anfangs deshalb auch noch nicht so richtig ran. Aber nach den ersten

Bissen war der Bann gebrochen und ich musste das Rezept sogar für einige Kolleginnen abschreiben, denn einen Kopierer hatten wir nicht.

1966 gab es in Bremen noch keine Semmelknödel von Pfanni oder anderen Herstellern, auch Schweinswürstl, Leberkäs, Brezen & Co. waren in Norddeutschland etwas sehr Exotisches.

Man aß Brot in Schwarz oder Weiß, das heißt, Pumpernickel oder Weißbrot und das Regionalgericht war Grünkohl mit Pinkel, einer sehr fetten Wurst, oder gar nach Seemannsart: Labskaus.

Nun, die Zeit verging, ich hatte Freundschaften geschlossen, auch außerhalb der Arbeit, Freundinnen kamen und gingen, es gab nichts Festes damals. Im Zimmer neben mir wohnte Erich, ein junger Mann, mit dem ich mich bestens verstand. Wenn wir beide abends oder am Wochenende frei hatten, zogen wir gemeinsam um die Häuser. In einem Konkurrenz-Supermarkt an der Gröpelinger Heerstraße lernten wir Ingrid kennen und Erich meinte später: „Das wäre doch ein Mädchen für dich!" Wir unternahmen nun hin und wieder etwas zu dritt und irgendwie hatte wohl Erich den „besseren Draht" zu Ingrid. Sie wurde im Laufe der Zeit Erichs Freundin und später sogar seine Verlobte und ich blieb wieder „solo".

Es war inzwischen schon kurz vor Feierabend. Da ich die Ware in der großen Geflügeltruhe prüfen wollte, stand ich immer noch an dieser, als ein etwas untersetzter Herr auf mich zu kam und mich aus meinen Gedanken riss. Er trug eine sogenannte Schiebermütze, sah aber durchaus sympathisch aus. Ich musste ihm einen Truthahn aus der Gefriertruhe holen, da er einen ins Auge gefasst hatte, den er aufgrund seiner Statur selbst nicht erreichen konnte. Ich fragte ihn anschließend, ob ich ihm noch irgendwie weiterhelfen könnte, er sah mich lang an, lächelte und fragte mich unvermittelt: „Sind Sie Herr Metz?"

Ich glaube, ich habe in diesem Augenblick nicht gerade besonders schlau dreingeschaut und antwortete verdutzt und mit einem Haspler: „Jj, jaah!"

Schnell wurden innerlich sämtliche Sündenregister runtergebetet: „Irgendwo vergessen, die Zeche zu zahlen? Bei Rot über die Ampel gelaufen? Will mich der Vater irgendeiner Tochter finden, die vielleicht noch nicht mit Jungens zusammen sein durfte?", aber mir fiel nichts Konkretes ein! Er sagte dann ganz ruhig: „Ich habe gehört, dass Sie hier ganz allein in Bremen wohnen und Weihnachten nicht zu Hause feiern können." Nun schaute ich wohl noch verdutzter drein, denn mit diesem Thema, noch dazu von einem wildfremden Menschen, hatte ich überhaupt nicht gerechnet und stotterte deshalb wieder mein „Jj, jaah."

Er antwortete ganz gelassen: „Nun, meine Tochter Ingrid ist mit Erich, Ihrem Zimmernachbarn, befreundet und die beiden haben mir von Ihnen erzählt. Ich möchte Sie deshalb an Heiligabend zu uns nach Hause einladen."

Jetzt war mir mein Gesicht wohl komplett entgleist, denn ich wusste nicht mehr, wie mir geschah. Ich war den Tränen nahe und bedankte mich recht herzlich.

Am Heiligen Abend fieberte ich dem, was da kommen mochte, ziemlich nervös entgegen. Ich zog mir ein frisches Nyltest-Hemd an und band mir eine Krawatte um. Als Geschenke für den Vater hatte ich die damals für Männer übliche Flasche Schnaps sowie ein Rasierwasser besorgt. Die Damen, Mutter und Tochter, sollten mit jeweils einem Fläschen „4711" und je einer Schachtel Pralinen, nett eingepackt, beschenkt werden. Mein Zimmernachbar Erich feierte bereits zu Hause bei seinen Eltern. Ich zog also allein los, bei weihnachtlichem Schneefall durch eine nasskalte Nacht, zum „Weihnachtsfest bei fremden Menschen". Es ging durch die Ritterhuder Straße vor bis zur Gröpelinger Heerstraße, welche ich dann überqueren musste. Meine Gedanken kreisten immer wieder darum, dass ich von fremden Menschen eingeladen wurde und wie sich der Abend wohl gestalten würde. Nach weiteren zehn Minuten Fußmarsch traf ich dann an der angegeben Adresse ein. In der Straße befanden sich Stadtreihenhäuser mit unterschiedlichen Fassadenstrukturen, von denen ein gemütliches Flair ausging. Ich klingelte, die Tür öffnete sich und ich wurde von Ingrids Mutter mit den Worten begrüßt: „Sie sind sicher der Freund von Erich, Herr Metz?" Ich bejahte und stellte mich artig vor, Ingrid kam sofort auf mich zu und umarmte mich. Zuletzt wurde ich noch herzlich von ihrem Vater begrüßt. In feierlicher Stimmung gingen wir gemeinsam ins Esszimmer und ich bekam von dem köstlichen Truthahn, welchen ich eigenhändig aus der Gefriertruhe geholt hatte, ein großes Stück ab. Es folgte die Bescherung, sogar für mich gab es ein paar Präsente.

Es war ein wunderschöner Weihnachtsabend, der mir stets in Erinnerung bleiben wird.

Die Gewissheit, dass es immer wieder Menschen geben wird, die an Weihnachten und mit Sicherheit auch in ihrem sonstigen Leben, wie selbstverständlich, echtes Mitgefühl für andere Menschen zeigen und leben, machte mich in diesen Momenten überglücklich und war eine Erfahrung, die mein ganzes Leben prägte.

Die Winterfee

Willi Lauterbach

Der Winter treibt bereits
Novembergeister
durch die Welt

Nieselregen, Nebelgrau
Raureif – sanft hingestreut
das erste Eis am Feld.

Die Tage kurz und kürzer,
die Nächte endlos lang und kalt.
Die Winterfee macht sich bereit.

Die Winde tosen, treiben dicke,
weiße Wolken vor sich her
der erste Schnee ist nicht mehr weit.

Wenn jetzt der Vollmond
weichgezeichnet aber gleißend hell
sein gelbes Licht verbreitet,

legt klirrend Frost sich in das Tal.
Natur und Leben wird indes,
auf Niedergang und Stille vorbereitet.

Nun dieser Stille, diesem Sterben
als Teil der Schöpfung gewahr zu sein
als Gnade zu verstehen,

verschafft im Frühjahr erst
die Kraft und Hoffnung, das Wunder
immer wieder neu zu sehen.

Verwandelt und verschandelt!

Alfred Bäurle

Bald ist es da, das Fest der Freude!

Kaufet ein, kauft ein ihr Leute!

Für die Lieben nur das Beste,

staunen sollen alle Gäste.

Gänsebrust zum Feiertage,

bester Wein ganz ohne Frage

und um alle zu beglücken,

vom scheuen Reh den zarten Rücken.

Plätzchen von der edlen Sorte,

zur Kaffeestunde Weihnachtstorte,

Bier, Liköre, Spirituosen

verwöhnte Gaumen froh umkosen.

Agraffen, Ringe, Edelsteine,

große Klunker, keine Kleine.

Bald ist es da, das Fest der Freude!

Kaufet ein, kauft ein ihr Leute!

Gutscheine für Wellness-Touren,

teuren Duft und Schlankheits-Kuren.

Hochprozentiges in Flaschen,

elegante Krokotaschen.

Fitness-Geräte, sündhaft teuer,

stärken Muskeln ungeheuer.

Body-Builder machen auch

aus dem Wanst den Waschbrettbauch.

Damit die lieben, süßen Kleinen

unterm Weihnachtsbaum nicht weinen,

Lerncomputer, Handy, Player

und den eignen Farbfernseher.

Neidvoll unser Nachbar grollt,

wie bei uns der Rubel rollt.

Bald ist es da, das Fest der Freude!

Kaufet ein, kauft ein ihr Leute!

Wenn in der Nacht die Glocken klingen,

um frohe Botschaft uns zu bringen,

fragt mancher dann total erschlafft:

„Wann wird dies endlich abgeschafft?

Wer hat die Weihnacht so verwandelt?

Das traute Fest so sehr verschandelt?!"

Im nächsten Jahr, es sei gelobt,

wird der Protest dazu geprobt.

Sie fliehen ihrem eignen Treiben,

werden nicht zuhause bleiben.

Malediven und Hawaii

als Zufluchtsort der Ausweg sei.

Das Christkind klagt bei diesen Worten:

„Wozu bin ich geboren worden?“

Und Opa murmelt immerfort:

„Fliegt weit weg und bleibt gleich dort!“

Mir backat Plätzla

Jörg-Reiner Mayer-Karstadt

Mandla ond Rosinagucka

holt mei Muatr ossam Schraak

ond a Meahl ond no an Zuckr

stellt se na oft Kuchebaak.

Rumaroma ond Zitrona,

Zitronat ond Organschad

braucht se au no fr an Schtolla

ond lassts me beim Kramr holla.

Plätzla backa ischt jetzt dra.

„Komm", seid se „du däfsch mr helfa

mit deim kloina Wärgelholz."

Ond scho fangt se mit mr aa.

Voarhoiza duat se da Ofa,

rihrt da Doig ond i guck zua.

Wärgla deamr mitanandr.

Ausschtecha däf i nau doa.

Mem Schokladguss offm Ofa

däffe bensbla dau ond sel.

Nei ens Rohar ond zua da Deckl.

Da nägschta Doig ausgwärglt schnell.

Net lang daurats, ond a Duft

legt se nei ens ganze Haus.

Schwängrat sieaßle en dr Luft

ond gar weit ofd Schraußa naus.

Fertig ischt des erschte Blech

ond i gfrei me ofs Probieara.

A weng hert send se no lei,

däfs end Dosa nei verschtiera.

Weihnachta ischt nemme weit

ond bis dau naa wearads guat

ond ganz mrb ond breaslad fei

zom Tee ond Kerzaliacht en Ruha.

Brautäpfl vom Ofa duftat.

D' Oma vrzählt mancha Mär.

I iß a Plätzle, lass me flieaga.

Wensch mrn Weihnachtsaubat her.

Das rote Sofa

Ulrike Karg

Es war eine kühle, dunkle Nacht. Wolken hatten sich vor den Sichelmond geschoben. Martha öffnete einen Flügel ihres Fensters und sah vom zweiten Stock nochmals hinunter auf die Straße. Die Gaslaterne goss gleisendes Licht in die Hofeinfahrt. Dort stand es immer noch, das rote Sofa. Und er saß auch immer noch darauf.

Marthas junge Nachbarin war heute ausgezogen, eine Woche vor Weihnachten. Beide pflegten nur wenig Kontakt, aber die alte Dame mochte deren freundliche, hilfsbereite und gutmütige Art.

Da saß er also immer noch, seit Stunden. Unbeweglich. Er hatte die junge Frau ausgenutzt, bestohlen, betrogen und war nun aufgeflogen.

„Recht so! Den Schmarotzer hätte sie schon viel früher rauswerfen sollen, meinst du nicht auch, Erwin?" Ohne wirklich eine Antwort zu erwarten fragte Martha ihren Kater, der neugierig neben ihr das Häkelkissen auf der Fensterbank belegt hatte und ebenfalls nach unten sah. Als alleinstehende Witwe sprach sie mit Erwin wie mit einem Menschen.

„Sofa oder Klavier? Beides passt nicht in den Laster", hatte der Umzugshelfer die junge Frau gefragt.

„Kannst es haben!", sagte sie zu dem soeben entsorgten Freund, deutete auf das rote Sofa und fuhr mit Klavier und Möbelpackern los.

„Er sitzt dort schon stundenlang neben seinen zwei Plastiktaschen und starrt vor sich ins Leere. Er kann es immer noch nicht fassen, dass sie ihn jetzt durchschaut und vor die Tür gesetzt hat. Dieser überhebliche, von sich selbst eingenommene Egoist, der nur seinen Vorteil sucht und sich für unwiderstehlich hält", erklärte Martha ihrem Kater.

Der Aufgeflogene, Verlassene, Rausgeworfene grübelte. Fassungslos, wohnungslos, trostlos, aussichtslos?

Nein!

Er hatte stets mehrere Eisen im Feuer. Morgen würde er es bei der katholischen Witwe mit dem großen Bungalow am Stadtrand versuchen. Der attraktiven, gut situierten Dame mittleren Alters hatte er mal einen Gefallen erwiesen. Jetzt war er schließlich auf Herbergssuche, so kurz vor Weihnachten, und erwartete Mitleid und christliche Nächstenliebe.

Nach dem gefassten Entschluss legte er sich hin, warf den Mantel über sich und schlief irgendwann ein.

Am nächsten Morgen schreckte ihn kalte Winterluft aus dem Schlaf. Er rieb sich die Augen, wischte den gefrorenen Atem vom Mantel und strich übers Gesicht. Siegessicher machte er sich mit seiner wenigen Habe auf den Weg zu Witwe Schulte.

Verwundert musste er feststellen, dass neben ihrem schwarzen Porsche Cayenne ein Audi Q7 3.0 TDI Ultra in der Auffahrt stand, im Carport ein nagelneuer Pferdeanhänger. Da hatte sich wohl einiges geändert seit seinem letzten Besuch. Er setzte sein bekannt betörendes Lächeln auf und klingelte erwartungsvoll. Ein äußerst attraktiver, älterer Herr in Burberry-Pullover und seidenem Halstuch öffnete die Haustür einen Spalt und besah sich den verdatterten Ankömmling.

„Sie wünschen?", fragte er höflich.

„Ja, äh, ich äh, ich wollte Frau Schulte fragen, ob ich, äh, es ist ja bald Weihnachten und …", stotterte er, „und ich brauche dringend eine Bleibe und hab mir gedacht, Frau Schulte würde mich …"

„Schatz, wer ist denn an der Tür?" Ihre Stimme drang nach draußen.

„Nur ein Landstreicher, meine Liebste." Wieder zum Bittsteller gewandt, erklärte er:

„Wir sind hier nicht in Bethlehem, mein Herr. Guten Tag." Die Tür fiel mit einem satten Ton ins Schloss wie ein Ausrufezeichen. Sein Asylantrag war kläglich abgelehnt worden.

Fassungslos nahm er seine Taschen und verließ das Anwesen.

Alle weiteren Versuche bei potenziellen Herbergsmüttern verliefen ebenfalls ohne das erhoffte Ergebnis. Er konnte kaum fassen, wie ihm geschah, ihm!

Als der Abend hereinbrach, wärmte er sich in einem Fastfood-Tempel auf und verschlang ohne Genuss einige Burger. Diese Nacht verbrachte er notgedrungen nochmal auf dem roten Sofa, das immer noch dort stand.

Er würde es morgen einfach stehen lassen mit einem Zettel drauf: ÜBRIG.

Wirre Träume malträtierten sein Gehirn. Er war umringt von allen Damen, die er in seinem bisherigen Leben betrogen hatte und wurde hämisch ausgelacht, verspottet, erniedrigt, bis er winselnd auf Knien um Gnade bettelte und sich wand wie eine Schlange im heißen Sand. Es war heiß, unerträglich heiß, stank nach Schwefel und anderen unangenehmen Gerüchen. Die Frauen tanzten wild kreischend um ihn herum und stachen mit spitzen Fingernägeln auf ihn ein. Dann erschien Luzifer höchstpersönlich und führte die Polonaise an. Der Kreis zog sich immer enger um ihn. Er bekam Platzangst und hielt sich die Ohren zu, als der Teufel ihm seine Schandtaten an den Kopf schrie.

„Du bist in Hölle sieben und wirst büßen, büßen, büßen für alles, was du diesen gutmütigen Frauen angetan hast. Und das wird dauern bei deinem Strafregister!"

Die wild Tanzenden sangen wie hypnotisiert immer wieder den Refrain des bekannten Schlagers "Hölle, Hölle, Hölle, büßen, büßen, büßen." Sein Kopf schien zu zerplatzen. Er wachte auf. Trotz der morgendlichen Kälte war er durchgeschwitzt. Dieser Traum hatte ihn wachgerüttelt und ihm vor Augen geführt, dass sein Leben so nicht weitergehen konnte. Er musste etwas ändern.

Mit beiden Taschen machte er sich auf den Weg zur städtischen Männerunterkunft.

„Ich brauche dringend eine Bleibe, zumindest über Weihnachten. Kann helfen, habe Koch gelernt und will mir Arbeit suchen. Und kann ein rotes Sofa anbieten. Könnten sie hier bestimmt gebrauchen. Es steht in der Einfahrt Bäckergasse 7 mit einem Zettel drauf: ÜBRIG."

Peterles schönstes Weihnachtsfest

Victoria Raab

Ganz abgelegen von der lauten Welt, tief in den Bergen, weit über eine Stunde vom nächsten Dorf entfernt, liegt der Einödhof von Peterle und seiner Familie. Peterle hat noch zwei ältere Schwestern, Leni und Rosi. Jeden Tag in aller Frühe ging er, seit er eingeschult worden war und das war erst vor ein paar Wochen, mit seinen Schwestern ins Dorf zur Schule.

Der weite Weg dorthin gefiel dem Peterle sehr, er war ja nicht allein. Im Sommer sangen die Vögel im Wald, hinter dessen Wipfel die Sonne mit ihren warmen Strahlen emporstieg. Manchmal, wenn sie sich recht laut unterhielten, sprangen ein paar scheue Rehe über ihren Weg. Wenn es regnete oder beim Nachhausegehen ein starkes Gewitter drohte, konnten sie auch bei Tante Anni im Dorf bleiben. Diese freute sich immer, wenn die drei zu ihr kamen.

Seit Anfang November war es ganz schön kalt geworden und über Nacht war fast ein halber Meter Schnee gefallen. Da mussten die drei ganz fest auf ihrem Schulweg steigen, stapfen und aufpassen, dass sie den verschneiten Weg nicht verloren. Leni und

Rosi hatten einen Schlitten, auf dem durfte Peterle natürlich auch mitfahren. Doch das gefiel ihm nicht so sehr, weil er ja schon ein großer Bub war und einen eigenen Schlitten haben wollte.

Da nun Weihnachten bald kam, dachte er sich, dass er dem Christkind seinen sehnlichsten Wunsch schreibt. Ein eigener Schlitten, ganz für ihn allein, das würde ihn riesig freuen.

Als es dann im Advent ein paar Tage tüchtig geschneit hatte und ein eisiger Wind über die Berge fegte, gingen die Kinder nicht zur Schule. Leni und Rosi beschlossen, ihren Wunschzettel an das Christkind zu schreiben und ihn wunderschön zu bemalen. Peterle mochte und konnte noch nicht so gut schreiben, doch seine Malkunst war enorm. Auf ein großes Zeichenblatt malte er einen schönen Schlitten und um ihn herum zeichnete er eine tiefrote Schleife. Damit die Zeichnung nicht zerknittert wurde, rollte er sie ein und band nochmals ein Bändchen darum. Die zwei Briefe von Leni und Rosi und die Zeichenrolle von Peter steckte ihr Papa dann am Abend hinter den Fensterladen am Haus.

„Von da können sie die Englein holen und dem Christkind bringen", meinte die Mama.

Peterle konnte die Wochen und die Tage bis zum Heiligen Abend kaum erwarten und hatte beim

Abendgebet immer heimlich dazu gebetet:

„Liebes kleines Jesulein, ich will ganz brav und fleißig sein.

Bring mir bitte doch einen Schlitten, dann brauch ich nicht die Schwestern bitten.

Ich verspreche dir und tu dir sagen, du allein darfst als Erster mit mir fahren."

Als dann am Heiligen Abend das Christkind dem Peterle tatsächlich einen tollen Schlitten gebracht hatte, freute er sich so sehr, dass er zu seinem Papa sagte: „Heute gehe ich auch mit in die Mette, egal wie das Wetter ist, aber meinen Schlitten nehme ich auch mit."

Der Papa spannte dann den Maxi, das Pferd, vor den großen Schlitten und den neuen kleinen hängte er hinten dran. So fuhren sie schon frühzeitig alle zusammen, also Mama, Papa, Leni, Rosi und der Peter durch den tiefen, knirschenden Schnee, bei sternenklarem Himmel hinunter ins Dorf. Nur Oma und Opa blieben zu Hause.

Weil sie mit Pferd und Schlitten gut vorankamen, konnten sie noch vor der Mette einen Besuch bei der Tante Anni machen. Diese freute sich sehr darüber und beehrte sie mit heißem Tee und feinen Plätzchen. So kam auch gleich eine nette Unterhaltung zustande, da sie sich ja schon länger nicht mehr gesehen hatten.

Als sie dann zur Mette aufbrachen, war der Peter

mit seinem Schlitten verschwunden. „Sicher ist er schon voraus in die Kirche gegangen", meinte Papa, der die Mama damit etwas tröstete. So etwas waren sie von Peter nicht gewohnt.

Tatsächlich war mittlerweile der Peter mit seinem Schlitten und seiner warmen Decke in Richtung Kirche losgezogen. Den Weg dorthin kannte er ja schon gut, da seine Schule gleich neben der Kirche war. Er stellte seinen Schlitten ab, nahm die Decke und öffnete die große Kirchentüre. Schnell schlüpfte er hinein und war fast etwas geblendet von den vielen brennenden Kerzen, die auf den geschmückten Tannenbäumen aufgesteckt waren und um den Altar standen. Er schaute und suchte nach dem Jesulein, das vor dem Altar in einer Holzkrippe lag. Dem Peter tat das nackte Kind leid, das seine kleinen Hände nach ihm ausstreckte. Außer dem Herrn Pfarrer, dem Mesner und den Ministranten, die in der Sakristei waren, war noch niemand in der Kirche.

Schnell nahm er das Jesulein, wickelte es in die mitgebrachte Decke und schlich wieder zu seinem Schlitten. Dann sagte er zum Jesulein: „Schau, ich hab dir doch versprochen, du darfst als Erster mit mir auf meinem Schlitten fahren." Er drückte es ganz fest an sich und fuhr im schnellen Saus den Kirchberg hinunter. Das war so schön, dass er schnell umdrehte und nochmal den Schlitten hinauf zog. Als er oben ankam, sah er, dass schon viele Leute den gleichen Weg zur Kirche herauf kamen. Da ging er auf die andere Seite der Kirche, wo es noch ruhiger war, und fuhr dort hinunter. Dieser Weg war etwas länger und nicht so steil, so dass sie die Fahrt noch besser genießen konnten. Es dauerte dann doch eine Zeit, bis sie wieder zur Kirche herauf kamen. Mit seinen eiskalten Händen brachte er gerade noch die schwere Türe auf und mit dem Jesuskind im Arm ging er, ohne sich umzuschauen, geradewegs auf die Krippe vor dem Altar zu und legt es wieder hinein. Nun war es ganz still in der Kirche geworden, sogar die Orgel hörte auf zu spielen und alle schauten auf den Peter. Auch der Herr Pfarrer hatte Peter beobachtet und fragte ihn: „Ja Peterle, wo kommst du denn mit unserem Jesuskind her? Wir haben es schon vermisst."

Drauf der Peter: „Ich hab dem Christkind versprochen, wenn ich zu Weihnachten einen eigenen Schlitten bekomme, dann darf es als Erstes mit mir den Kirchberg hinunterfahren. Und versprochen ist versprochen." Da lobte ihn der Herr Pfarrer und der Peter setzte sich ganz zufrieden in die erste Bank zu den anderen Kindern.

Nach der Mette erwarteten schon die Eltern, seine Schwestern und viele andere Leute den Peter vor der

Kirche. Der Papa nahm ihn gleich auf den Arm und drückte ihn fest an sich. Auch seine Mama und die Schwestern drückten ihn und freuten sich über ihren tapferen Peter. Sogar die Leute klatschten in die Hände und riefen: „Peter, das hast du gut gemacht."

Peterle nahm seinen Schlitten und so gingen sie wieder gemeinsam zu der Tante Anni, wo der Maxi, das Pferd mit dem Schlitten, wartete. In Decken eingewickelt und etwas müde setzten sie sich dicht aneinander auf den großen Schlitten, und Papa band Peterles Schlitten hinten an. Maxi kannte den Weg schon gut und so fuhren sie wieder den schneebedeckten Berg hinauf zu ihrem Einödhof. Dort angekommen, waren alle bis auf Papa eingeschlafen. Er weckte die Mama und dann trugen sie eines der Kinder um das andere ins Haus und legten sie gleich ins Bett. Peterle wachte erst am anderen Tag mittags auf und neben seinem Bett stand sein schöner, neuer Schlitten.

Das war Peterles schönstes Weihnachtsfest in seiner Kindheit.

Eine Weihnachtsgeschichte

Gabriele Walter

Anton schaute sich suchend um. Seit die Sonne am Horizont erschienen war, stapfte er nun schon durch den harschen Schnee, der unter seinen Füßen knirschte. Doch der Weg, der ihn zu seiner Oma bringen sollte, schien kein Ende nehmen zu wollen.

Überhaupt war heute alles so anders. Als er vor Stunden aufgewacht und wie jedes Jahr am Heiligabend nach unten ins Wohnzimmer gelaufen war, um den geschmückten Weihnachtsbaum zu betrachten, hatte es bereits begonnen – es gab keinen. Nicht einmal einen ungeschmückten Tannenbaum. Von glänzend eingepackten, mit dicken Schleifen gekrönten Geschenken ganz zu schweigen. Hatte Vater etwa vergessen, einen zu besorgen? Auch der Duft nach frisch gebackenen Plätzchen war ihm nicht wie normalerweise um die Nase geschlichen. Seit er denken konnte, durfte er die zerbrochenen Plätzchen schon beim Frühstück zu seinem Kakao naschen. Seine Mutter schob sie ihm stets, mit ihrem ganz besonders strahlenden Weihnachtslächeln, auf einem kleinen Teller zu. Doch nicht so an diesem Morgen. Die Bewohner des Hauses schienen alle noch zu schlafen. Selbst aus dem Zimmer seiner großen Schwester, die sich üblicherweise schon in aller Herrgottsfrüh von Rockmusik zudröhnen ließ, war kein einziger Ton nach draußen gedrungen. Normalerweise hätte er schon da merken müssen, dass etwas nicht stimmte. Doch bei aller Vorfreude hatte er es wohl nicht wahrgenommen. Also war er wieder nach oben gegangen, um ins Schlafzimmer seiner Eltern zu schauen. Die Daunendecken lagen bereits aufgeschlagen in den Betten, doch von seinen Eltern fehlte jede Spur. Selbst das Zimmer seiner Schwester hatte durch deren Abwesenheit geglänzt. Nacheinander öffnete er sämtliche Türen und schaute hinein. Auch im Keller und in der Garage konnte er sie nicht finden. Jetzt gab es nur noch einen Ort, an dem er suchen konnte. Also schlüpfte er, noch im Pyjama, mit seinen nackten Füßen in die gefütterten Stiefel und lief über den Hof zur Schreinerwerkstatt seines Vaters. Doch die Tür war verschlossen. Frierend und zitternd stand er da und fühlte sich entsetzlich allein, während er sich noch einmal suchend auf dem Hof umblickte.

Da Anton nicht dumm war, beschloss er, sich warm anzuziehen und zu seiner Oma zu gehen. Die wusste sicher, was hier vor sich ging. Oma war klug. Sie wusste stets auf all seine Fragen eine Antwort.

Nachdem er seine Thermolatzhose und die dicke Daunenjacke angezogen hatte, war er dann auch losgegangen. Doch auch mit dem Weg schien etwas nicht zu stimmen. Natürlich wusste er mit seinen acht Jahren bereits, dass der Weg mit dem Auto schneller zu bewältigen war, als zu Fuß. Darum hatte er sich auch für die Abkürzung durch den Wald entschieden. Mit Oma war er diesen Weg schon oft gegangen. Er kannte die Stellen, an denen sie den Wald dann stets verließen, ganz genau. Also hatte er die Straße verlassen und sich auf den Waldweg begeben.

Inzwischen stand die Sonne bereits hoch am Himmel, doch noch immer war das Ende des Weges nicht in Sicht. Im Gegenteil, der Weg schien, statt kürzer, endlos länger zu sein. Hatte er sich etwa verlaufen? Hätte er an der Weggabelung doch den linken Weg nehmen müssen? Nein, er war sicher, dass er sich auf dem richtigen Weg befand. Als er zu der Kurve kam, die er zu kennen glaubte, atmete er erleichtert auf. Nun würde er gleich das am Waldrand stehende Haus seiner Oma sehen.

Antons Enttäuschung war groß, als der Weg danach endlos weiterzugehen schien. *Da! – Eine Bank!* Sie stand einige Meter von ihm entfernt am Wegesrand. Jemand saß darauf. Als er näherkam, erkannte er, dass es sich um einen alten Mann handelte, der ihn fröhlich lächelnd zu sich winkte. Anton blieb stehen. Seine Eltern hatten ihn oft genug gewarnt, nicht mit Fremden zu sprechen. Dieser alte Mann schien jedoch ganz und gar nicht böse zu sein. Im Gegenteil. Und irgendwie kam er ihm sogar bekannt vor. Vielleicht kannte er ja den Weg zu seiner Oma. Also machte er einige vorsichtige Schritte auf ihn zu.

„Komm nur näher. Ich tu dir nichts."

Die sonore Stimme des Alten und sein freundliches Lächeln verscheuchten alle Zweifel. Anton ging weiter und stellte sich breitbeinig vor dem alten Mann auf. „Weißt du, wo meine Oma wohnt?"

„Aber ja, ich kenne deine Oma schon viele Jahre. Doch bevor wir zu ihr gehen", fügte er verschwörerisch hinzu, „musst du mir einen Gefallen tun."

„Einen Gefallen?", fragte Anton skeptisch.

„Ich habe vor vielen Jahren eine Kiste vergraben, in der sich ein wertvoller Schatz befindet, doch ich bin zu schwach, um sie wieder auszugraben. Würdest du das für mich tun?"

Anton nickte. „Ja, das kann ich. Aber hast du denn einen Spaten?"

Plötzlich lag neben dem Alten ein kleiner Spaten. Wo der alte Mann ihn hergeholt hatte, war dem Jungen schleierhaft, denn er hätte schwören können, dass der Spaten noch vor wenigen Sekunden nicht dort lag.

Wie auch immer, der Alte erhob sich, reichte Anton den Spaten und führt ihn tiefer in den Wald hinein.

Als sie eine ganze Weile gegangen waren, blieb Anton stehen. Ihm war nun doch etwas mulmig zumute. Wollte der alte Mann ihn etwa entführen? War er gar nicht so freundlich, wie er getan hatte?

„Nun komm schon, wir sind gleich da. Siehst du die alte Eiche?" Der Alte deutete in eine bestimmte Richtung. „Die, die dort umgeben von Tannen wie eine Königin mitten in ihrem Volk steht? Ich habe ihr vor vielen Jahren ein Geheimnis anvertraut. Ein Geheimnis, das in einer kleinen Kiste ruht, bis du sie ausgräbst. – Ja, du hast mich schon richtig verstanden. Die Kiste habe ich für dich vergraben. Du darfst sie aber erst öffnen, wenn ihr alle um den Weihnachtsbaum sitzt."

„Die Kiste ist für mich? Kennst du mich denn?"

„Aber ja."

„Wer bist du?"

Der Alte blieb stehen und deutete, ohne auf Antons Frage einzugehen, auf einen bestimmten Platz. „Hier musst du graben."

Anton tat wie ihm geheißen und schon nach kurzer Zeit stieß er auf etwas Festes. „Da ist etwas", jubelte er voller Freude und während er sich dem alten Mann zuwandte: „Ich hab sie gefunden."

Doch der alte Mann war verschwunden.

„Hallo!", rief er laut und fügte enttäuscht schmollend hinzu: „Ich hab die Kiste gefunden. Und du wolltest mir doch den Weg zu meiner Oma zeigen."

Aber der Alte blieb verschwunden. Anton grub die Kiste aus. Als er den Schmutz entfernt hatte, konnte er sehen, dass es sich um eine Metallkiste handelte, die mit wunderschönen Ornamenten verziert war. Schon wollte er sie öffnen, da fiel ihm ein, um was ihn der alte Mann gebeten hatte. Er sollte sie erst öffnen, wenn alle um den Weihnachtsbaum sitzen würden.

„Anton, Anton, was ist denn heute mit dir los?", vernahm er plötzlich die liebevolle Stimme seiner Mutter, die ihn sanft an der Schulter rüttelte. „Wenn du nicht endlich aufstehst, verpasst du den ganzen Weihnachtsmorgen."

Anton rieb sich den Schlaf aus den Augen und schaute seine Mutter fragend an. Hatte er etwa alles nur geträumt?

„Heut ist Heiligabend. Los, mein Schatz, raus aus den Federn."

„Ich hab gerade einen komischen Traum gehabt, Mama", sagte er, während er aus seinem Bett rutschte.

„Ach, der hat dich also daran gehindert, aufzustehen. Was hast du denn geträumt?"

„Was …? Oh! Hab ich vergessen."

Nachdem Anton sich angezogen hatte, ging er an Irinas Zimmer vorbei, aus dem laute Rockmusik nach außen drang. *Wie immer,* dachte er und ging nach unten. Bereits auf der dritten Stufe kroch ihm der süße Duft von gebackenen Plätzchen in die Nase.

Der Weihnachtsbaum stand geschmückt im Wohnzimmer. Allerdings lagen nur wenige Geschenke darunter – Das war anders. Er vermisste das große Paket, in dem sich sein größter Wunsch, die Polizei-Kommandozentrale von Playmobil, befinden musste. Und das dazugehörige Polizeiauto befand sich doch ebenfalls in einem größeren Päckchen. *Vielleicht hatte das Christkind noch keine Zeit, sie einzupacken.*

Der Tag zog sich schier endlos dahin. Doch als es zu dämmern begann, läutete jemand an der Tür. Anton wusste, das konnte nur seine Oma sein. Endlich würde es Abendbrot geben und danach war Bescherung.

Mit langen Gesichtern saßen er und Irina auf dem Sofa. Weder er noch sie waren mit den Geschenken beglückt worden, die sie sich so sehr gewünscht hatten.

„Es tut uns leid, Kinder. Die Geschenke fallen in diesem Jahr etwas spärlich aus, aber es geht nicht an-

191

ders", sagte sein Vater betrübt. „Im letzten Jahr gab es weniger Aufträge und das Geld, das ich verdient habe, reicht gerade so zum Leben. Da müssen wir jetzt gemeinsam durch. Ich hoffe, ihr versteht das. Nächstes Jahr wird es sicher wieder besser."

„Anton, ich habe noch etwas für dich", sagte seine Oma und reichte ihm ein Päckchen. „Die Kiste ist von deinem Opa. Er hat mich gebeten, sie dir an irgendeinem Heiligabend zu geben, an dem ich denke, dass der richtige Zeitpunkt gekommen ist."

Gespannt riss er das Papier ab. Zum Vorschein kam, er konnte es kaum glauben, die Kiste, von der er geträumt hatte. Er dachte an den alten Mann und seine Worte. Ja, es saßen alle um den Weihnachtsbaum und somit durfte er ihr Geheimnis lüften. Gespannt öffnete er sie, um gleich darauf mit enttäuschter Miene festzustellen, dass sie leer war. Doch dann geschah plötzlich etwas Seltsames. Winzige bunte Funken blitzten auf, sprühten hervor und tanzten wie befreit durch die Luft. Das Gefühl der Enttäuschung löste sich auf wie frühmorgendliche Nebelfetzen und machte einem anderen Gefühl Platz. Einem, welches sich wie ein wärmender Schal um seine Schultern legte. Und als er in das von Bedauern gezeichnete Gesicht seiner Mutter blickte, danach in das betrübt blickende seines Vaters und das vor Enttäuschung schmollende seiner

Schwester, wurde er tief in seinem kleinen Herzen von einem glückseligen Gefühl überwältigt, das er nicht beschreiben konnte. Seine Oma lächelte. „In diese Kiste hat dein Opa all seine Liebe zu dir, deiner Schwester und deinen Eltern gepackt. Er wollte dir damit sagen, dass Geschenke, die man kaufen kann, nicht wichtig sind. Das einzig Wahre und auch das Schönste habt ihr alle bereits erhalten. Anton, weißt du, welches Geschenk er damit meinte?"

Anton nickte. „Wir haben uns. Und solange wir zusammenhalten, geht es uns gut", sagte er und erinnerte sich, während er seinen Blick zum Fenster schweifen ließ, an den alten Mann in seinem Traum.

Schenken Sie sich auch nichts?

Kerstin Jähne

Nicht einmal eine klitzekleine Kleinigkeit – als Zeichen, dass man an den Anderen gedacht hat? Wirklich gar nichts?

Schließlich sind wir erwachsen und da ist es vielleicht tatsächlich das Schönste, ein paar gemütliche Stunden gemeinsam zu verbringen. Aber so ganz ohne Geschenk fühlt sich ein Weihnachtsabend eventuell doch ein bisschen mager an.

Das dachte sich auch meine Freundin Anne, als sie vor ein paar Jahren am ersten Feiertag ihre ganze Familie mit Kind und Kegel zu sich einlud. Im Grunde waren sich alle einig: Sie wollten sich nichts schenken. Aber „nichts" ist eben manchmal relativ. Und Anne wäre auch nicht Anne, wenn sie sich nicht irgendeine Überraschung einfallen ließe. Sie liebt es einfach, anderen eine Freude zu machen – herzensgut wie sie nun mal ist und noch dazu kreativ! Völlig auf Geschenke zu verzichten wäre schon deshalb keine Option, weil sie dann nicht eine Kleinigkeit kunstvoll verpacken und verzieren könnte. Schließlich ist Weihnachten!

Kurz bevor nun an jenem Abend die Gästeschar in

ihrem Vorgarten eintrudelte, hatte Anne zarte Lichterketten von Baum zu Baum gespannt. Darunter glitzerten kleine Schokoweihnachtsmänner. Hier und da funkelte noch ein metallisch glänzendes Päckchen im Schnee. Ja, in dem Jahr gab es sogar weiße Weihnachten! Und trotzdem war die Stimmung dahin.

Als Anne meinte: „Unter den Tannenbäumchen sind noch ein paar Kleinigkeiten für euch. Greift zu!", polterte ihre Tante los: „Wir wollten uns doch nichts schenken!"

Tatsächlich hatte sie nur einen Stoffbeutel dabei – für ihre Hausschuhe. Auch die anderen Gäste waren ohne Geschenke gekommen, aber wenigstens mit besserer Laune. Doch Tantchen beruhigte sich nicht. Am liebsten wäre sie sofort wutschnaubend durch den Neuschnee zurück nach Hause gestapft. Dabei hatte sich Anne wirklich alle Mühe gegeben, die Sache kleinzuhalten.

Das hier war lediglich ein dekorativer Pfad – ein schlichter Parcours mit, nun sagen wir „Give aways". Nichts Besonderes also. Warum regte sich die Tante denn überhaupt so auf? Es hat dann wohl den halben Abend und einige Tassen Punsch gedauert, sie zu versöhnen.

Im Jahr darauf trafen sie sich in der Adventszeit zum gemeinsamen Plätzchenbacken wieder. Thema

Nummer eins war natürlich der bevorstehende Weihnachtsabend. Schließlich galt es ein Trauma zu überwinden — mit Fingerspitzengefühl, versteht sich. Deshalb sollte diesmal jeder ruhig mitbringen, was er wollte.

Vorausgesetzt, es war etwas zum Essen oder — noch besser — zum Trinken! Als dann endlich das Festtagsbuffet eröffnet wurde, staunte die ganze Runde. Von selbstgebrautem Bier bis zu handgemachten Pralinen war alles dabei. Doch am süßesten waren die kleinen Einhörner, die Tantchen für jeden — mit seinem Namen verziert — gebacken hatte. Wenn das kein Geschenk war…

Fröhliche Weihnachten!

Über die Autorinnen und Autoren

Auf den folgenden Seiten finden Sie einige Informationen zu den Mitgliedern des Autorenclub Donau-Ries, die an der Gestaltung dieses Buches mitgewirkt haben.

Petra Plaum

Wahl-Donauwörtherin, Dreifachmama, Medizin-journalistin, Dozentin für Erwachsenenbildung, Fach-frau für Öffentlichkeitsarbeit, Anglistin, Amerikanis-tin, Politikwissenschaftlerin und auch ein bisschen Schriftstellerin. Letzte Veröffentlichungen: Beiträge in der Anthologie „Urlaubstrauma (Deutschland)" (Hg. Abidi/Koeseling) und im Fachbuch „Die beste Schule für mein Kind" (mit Hutzenlaub, Lambertus; beide Eden Book Verlag).

Sie ist Gründungsmitglied des Autorenclubs Do-nau-Ries.

Internetseite: www.petra-plaum.de

Günter Schäfer

Der Autor wurde 1961 in Rain am Lech geboren und lebt mit seiner Familie seit 1989 in Reimlingen.

Hauptberuflich als Fachinformatiker tätig, schreibt er seit mehr als zehn Jahren Kinderbücher und Lokal-krimis und ist seit Anfang 2016 Mitglied im Autoren-club Donau-Ries.

Internetseite: www.krimi-lokal.de

Irene Hülsermann

Die Eltern der Autorin kommen aus Oberfranken, sie wurde 1960 in Sonthofen geboren, ist in Starnberg aufgewachsen und lebt nun mit Mann, einem Sohn, einer Tochter und dem stolzen Kater Jack in Donauwörth.

Genauso abwechslungsreich verlief ihr Arbeitsleben. Nach ihrer Ausbildung zur Erzieherin arbeitete sie in einer bekannten und außergewöhnlichen Boutique in München. Im Anschluss an ihre Rückkehr aus Rom, wo sie zwei Jahre gelebt hatte, arbeitete sie in einem Büro einer Computerfirma und in einem Autohaus.

In Donauwörth machte sie ihr Hobby zum Beruf: 20 Jahre unterrichtete sie Italienisch. Mittlerweile schreibt sie als freiberufliche Journalistin Artikel und Beiträge für den Kulturteil der Donauwörther Zeitung und verschiedene Magazine.

Im Jahr 2014 erschien ihr Kurzgeschichtenbuch „Sehnsucht nach Rom und Heimweh nach Bayern". Es folgte der Roman „Reise ihres Lebens", der in Italien spielt. 2018 ist ihr Kurzgeschichtenbuch „Glück sieht jeder anders" erschienen.

Sie ist Gründungsmitglied des Autorenclubs Donau-Ries.

Internetseiten:

www.huelsermann.wixsite.com/irenehuelsermann

www.irene-huelsermann.com

Grüß Gott,

ich heiße **Katrin Ott**, bin 1972 in Damme in Niedersachsen geboren, habe dort meine Ausbildung als Erzieherin gemacht und wohne jetzt seit 1994 im Ries. Ich bin verheiratet und habe vier Kinder.

Ich bin gerne in der Natur unterwegs und suche und erforsche die Gegend. Dabei habe ich schon viele geheimnisvolle und verborgene Plätze gefunden. Mit meinen Freunden und mit der Familie genieße ich diese Abenteuer. Mein größter Erfolg war für mich im Dezember 2016 die Halbrundschanze in Christgarten zu finden.

Der Ausblick von der Halbrundschanze und die Anregung eines guten Freundes brachten mich auf die Idee, ein Buch zu schreiben und da bin ich gerade dabei.

Johann Enderle

Meine Jugend verbrachte ich im südlichen Franken und wohne jetzt seit fast 20 Jahren in Monheim/Bayern

Ich wurde 1951 geboren und habe immer gerne Geschichten aufgeschrieben und erzählt.

Schon in den Jugendjahren schrieb ich Artikel für verschiedene Zeitungen, verfasste Gedichte und Erzählungen, die auch veröffentlicht wurden.

Anfang der 70er Jahre heiratete ich meine erste Frau. Mit ihr habe ich drei Töchter.

Ich habe im Maschinenbau gelernt. Beruflich wechselte ich in die Versicherungsbranche, war Versicherungsfachmann und später Organisationsleiter und Bezirksdirektor der Württembergischen Versicherung.

Mit meiner Frau Margit bin ich seit 1999 verheiratet.

Im Sommer 2014 begann ich, meinen ersten Roman zu schreiben. Mit dem Titel: „Durch den Steppensand des Lebens" erschien das Buch im Juli 2016 im Anthea Verlag, Berlin. Zurzeit arbeite ich an einer weiteren Geschichte mit historischem Hintergrund.

Ich bin Gründungsmitglied des Autorenclubs Donau-Ries in Donauwörth.

Internetseite: www.johann-enderle.de

Ulrike Karg

Ich wurde 1952 in Augsburg geboren und lebe mit meinem Mann seit 2001 in Thierhaupten.

Nach Gymnasium und Gesellenbrief als Radio- und Fernsehtechnikerin arbeitete ich lange im elterlichen Betrieb mit Werkstatt und Ladengeschäft, wechselte dann in den Außendienst und bereiste als technische Beraterin mit Begeisterung Süddeutschland.

Im Alter von vierzig Jahren zwangen mich heftige Rückenschmerzen zur Aufgabe dieser interessanten Tätigkeit. Ich wechselte die Branche und fand beim Planen von Küchen eine neue Berufung.

2015 erreichte ich das Rentenalter und gewann damit neue Freizeit. Mit einer Trommelgruppe entlocke ich meiner Djembé groovige Rhythmen aus Westafrika und schicke die Gedanken auf Weltreise. Mit meiner Baba Tong Schlitztrommel mache ich das ebenfalls.

VHS-Kurse in Donauwörth ermutigten mich zum Schreiben, was ich immer schon gerne getan hatte. Jetzt ist die Zeit reif, die Ideen im Kopf zu destillieren und als unterhaltsame Kurzgeschichten mit Feder oder Tastatur festzuhalten.

Im Autorenclub Donau-Ries bin ich seit dessen Gründung Mitglied. Unser erstes gemeinsames Buch VIECHEREI enthält eine Katzengeschichte von mir.

Noch in diesem Jahr möchte ich ein eigenes Kurzgeschichtenbuch veröffentlichen.

Kerstin Jähne

Kerstin Jähne stammt aus Pirna (bei Dresden) und lebt heute mit ihrer Familie in Donauwörth. Schon seit Kindertagen gilt ihre Leidenschaft dem Malen (Aquarellieren) und später kam das Schreiben dazu.

Sie verfasste aus ihrer beruflichen Perspektive schon zahlreiche Beiträge für verschiedene Zeitschriften, meist zu psychologischen Fachthemen, die sie gern informativ und locker aufbereitet.

Genauso begeistert schreibt sie – nicht selten mit einem Augenzwinkern – Kolumnen und Kurzgeschichten. Dabei findet sie scheinbar Alltägliches spannend, auch wenn der Tag mal nicht so läuft…

Denn selbst aus nervigen Begegnungen und kleinen Missgeschicken kann ja immer noch eine nette Geschichte werden.

Manchmal eben mit einer Prise Fantasie.

Alfred Bäurle

Der Autor wurde 1942 in Deiningen geboren und ist dort in einer kinderreichen Familie aufgewachsen.

Nach 8 Jahren Volksschule erlernte er das Kfz-Mechaniker-Handwerk, besuchte anschließend eine Technikerschule, um danach bei Daimler Benz in Untertürkheim als Detailkonstrukteur im Lkw-Bereich zu arbeiten. Im Jahre 1967 zog er in das Ries zurück. Seit 1970 wohnt er mit seiner Frau in dem kleinen Dorf Laub, nachdem sie sich dort ein eigenes Haus gebaut hatten.

Es folgten nahezu vier Jahrzehnte Tätigkeit bei einer Nördlinger Großhandelsfirma, anfänglich als Projektant von Heizungsanlagen. Ab 1969 war er in diesem Betrieb 35 Jahre im Bereich der Datenverarbeitung für die EDV-Organisation und Programmierung des Host-Rechners verantwortlich.

Schreiben von Kurzgeschichten und Gedichten sowie das „Ikonen-Schreiben" gehören neben zahlreichen ehrenamtlichen Aktivitäten zu seinen Steckenpferden. Besonders liegt ihm die Pflege des Rieser Dialektes am Herzen.

Zu seiner Familie gehören seine Frau, zwei Töchter und vier Enkelkinder.

Harald Metz

Geboren am 07.03.1948 in Dietramszell-Schönegg, wuchs Harald Metz in seiner Jugend in Geretsried/Oberbayern auf.

Durch die Bundeswehr kam er zur Grundausbildung nach Roth bei Nürnberg, anschließend nach Lagerlechfeld, wo er auch seine Ehefrau Christa kennenlernte. Es folgte Erndtebrück im Siegerland und nach einer Versetzung nach Lenggries/Oberbayern wohnte er mit seiner Gattin wieder in seine Heimatstadt Geretsried.

Harald bildete sich in Abendschulen zum Werbebetriebswirt aus und arbeitete in Werbeagenturen in München und als Printmedienberater bei BMW und wohnte in Unterschleißheim bei München.

Hier erlebte er mit seiner Frau die niedergeschriebenen Geschichten der „Drei Musketiere aus der ersten Autorenclub-Anthologie VIECHEREI".

2010 zogen die beiden nach Fünfstetten, auf den Kraterrand, im Donau-Ries.

Ihr Sohn lebt in Deggendorf und ist mit seiner Ehefrau Herausgeber der Stadtzeitung „Der Deggendorfer".

Internetseite: www.autorharaldmetz.de

Petra Quaiser

Die Autorin wurde 1953 in Nördlingen geboren und wuchs dort auf. Seit 2004 lebt sie mit ihrem Mann Erwin in Alerheim. Nach ihrer Ausbildung zur Großhandelskauffrau und 20 Jahren Tätigkeit in einem mittelständischen Unternehmen in der Lohnbuchhaltung und im Sekretariat wagte sie 1991 den Schritt in die Selbständigkeit.

Ein ganz neuer Lebensabschnitt begann 2003 mit der Ausbildung zur psychologisch sozialen Beraterin und zur Trauerbegleiterin. Gleichzeitig erlernte sie das tiefe Wissen der Astrologie, das Erstellen von Horoskopen und die Kunst des Kartenlegens.

Das i-Tüpfelchen ihrer Laufbahn aber war 2013/14 die Ausbildung zur Geschichten- und Märchenerzählerin bei den Sprechwerkern in München. Sie erzählt aber nicht nur Geschichten, sie schreibt auch als Autorin eigene Geschichten oder unterstützt Menschen, denen ganz einfach die Worte fehlen. Als freie Rednerin schreibt und hält sie Ansprachen zu gegebenen Anlässen wie Hochzeit, Trauerfeier oder sonstige Veranstaltungen. Ein herrlicher Weg hat sich damit aufgetan, der sehr vielseitig und endlos ist.

Petra Quaiser ist verheiratet und hat eine Tochter. Die treue Hündin Bella vervollständigt ihre Familie.

Gerhard Sagasser

Geboren 1931 als Sohn eines Zollbeamten, aufgewachsen in Oberschlesien und im Sudetenland, an den Grenzen zu Polen und der Tschechoslowakei. Der Vater wurde zum Kriegsdienst einberufen und Gerhards Erziehung blieb von März 1938 bis Oktober 1947 seiner Mutter überlassen.

Stark prägten ihn seine Einsätze im Volkssturm, der Einmarsch der Roten Armee, die Vertreibungen aus dem Sudetenland und Schlesien, nicht zuletzt der schwere Anfang in Niederbayern.

Als staatlich geprüfter Landwirt trat er 1952 in die Bayerische Bereitschaftspolizei ein und 1992 als Erster Polizeihauptkommissar der Bayerischen Grenzpolizei in den Ruhestand.

Er ist seit 1992 verwitwet und Vater von drei erwachsenen Kindern.

1994 haben ihm eine Witwe und ihr erwachsener Sohn Donauwörth zur zweiten Heimat werden lassen.

Im Ruhestand beschäftigte er sich mit Imkerei und der ehrenamtlichen Arbeit im WEISSEN RING, jetzt schreibt er Lang- und Kurzgeschichten, Gedichte, Zeitgenössisches und Vergangenes.

Manfred Wiedemann

wurde im Jahr 1942 in Mertingen geboren. Seine Schulzeit verbrachte er zunächst in der dortigen Volksschule und anschließend in der Realschule Heilig-Kreuz in Donauwörth. Er erlernte den Beruf des Elektrikers, in dem er später auch die Meisterprüfung ablegte. Seine Militärzeit verbrachte er bei der Marine. Später machte er sich selbstständig mit einer Firma für Elektrische Schaltanlagen.

Zu schreiben begann er schon im Alter von etwa zwölf Jahren. Seine Eltern waren der Meinung, es wäre besser zu arbeiten als zu schreiben. Leider gibt es deshalb nichts von diesem frühen „Geschreibe" mehr. Durch den Beruf und viele Ehrenämter, wie Gemeinderat, Vereinsvorstand usw., kam er kaum noch zum Schreiben.

Erst im Rentenalter besann er sich wieder auf sein Talent dafür. Das Ergebnis sind drei Bücher mit Gedichten, Kurzgeschichten und einigen Novellen. Er ist Gründungsmitglied des Autorenclubs Donau-Ries.

Daniela Graf

Die Autorin wurde 1985 geboren und wohnt heute in Tapfheim, nachdem sie einige Jahre in Augsburg und Bochum gelebt hatte. Nach der Lehre zur „Kauffrau für Bürokommunikation" erwarb sie das Abitur am Bayernkolleg Augsburg und studierte dort Allgemeine und Vergleichende Literaturwissenschaften.

Das Studium führte sie in Bochum weiter und erlangte den Zweifachbachelor in Romanischer Philologie Spanisch und Komparatistik mit der Arbeit „Umgehungsmethoden der Literaturzensur im Franquismus und in der DDR – »Cinco horas con Mario« (Miguel Delibes) und »Die neuen Leiden des jungen W.« (Ulrich Plenzdorf) im Vergleich".

Sie schreibt gerne Kurzgeschichten, Glossen und Gedichte und durfte in der spanischen Zeitschrift „Mitad Doble" ihre erste Kurzgeschichte „Untergang Zwillinge" veröffentlichen.

Für die Donauwörther Zeitung, den Altstetter Druck (Donauwörther Anzeiger) und Donau-Ries-Aktuell verfasste sie regelmäßig Artikel und ist seit Dezember 2017 Mitglied im Autorenclub Donau-Ries.

Sonja Strobel

Die Autorin lebt in der Nähe von Donauwörth auf einem Bauernhof. Sie ist verheiratet und hat drei erwachsene Söhne.

Ihre Hobbys sind spezielle Stadtführungen für Kinder und Erwachsene. Sie zeichnet gerne und ist Illustratorin eines Kinderbuches.

Mit ihren Enkeln erzählt sie Fantasiegeschichten aus dem Stegreif.

Gabriele Walter

Im Jahre 1954 wurde ich in Schwäbisch Hall geboren. Meine Kindheit und Jugend verbrachte ich in einem Stadtteil von Schwäbisch Gmünd. 1973 heiratete ich. Wir bekamen zwei Söhne. 1981 zog es uns ins Nördlinger Ries. Hier wurde unser dritter Sohn geboren.

Bereits als Teenager schrieb ich Kurzgeschichten für meine Freundinnen. Nach der Schulzeit wollte ich meinen größten Wunsch, Schriftstellerin zu werden, in die Tat umsetzen. Doch das Leben lässt uns nicht immer die Wege unserer Träume beschreiten. Erst Jahre später gelangte ich nach einigen Umwegen in eine Situation, die mich erkennen ließ, dass allein das Schreiben genau das ist, was ich schon immer tun wollte. Und so wurde es zu einem wesentlichen Teil meines Lebens.

Während meiner jahrelangen beruflichen Tätigkeit als Einzelhandelskauffrau, Ausbilderin und Seminarleiterin durfte ich Menschen aus unterschiedlichen sozialen Schichten kennenlernen und zwischenmenschliche Erfahrungen sammeln, die sich in meinen Romanen widerspiegeln.

Da ich zu der Spezies der Frühaufsteher gehöre, sitze ich bereits ab vier Uhr an meinem PC und schreibe konsequent drei Stunden an einem neuen Roman, oder überarbeite einen bereits abgeschlossenen.

Meine Romane handeln von der Liebe, die stets geheimnisvoll und zuweilen sogar gefährlich sein kann, von Schicksalen, wie sie uns täglich begegnen und mystischen Ereignisse, die unser Verstand mitunter nur schwer erklären kann. – Allerdings lassen sich meine Romane keinem bestimmten literarischen Genre zuschieben. Ich probiere gerne verschiedene Erzählperspektiven aus. Es geht jedoch immer um Frauenschicksale. – Starke, schwache, träumende, liebende und mit dem Schicksal hadernde Frauen.

Viktoria Raab

...lebt seit ihrer Geburt am 01.11.1944 auf ihrem ehemaligen Bauernhof in einem kleinen Dorf in der Nähe der Mündung des Lechs in die Donau. Sie ist gelernte Hauswirtschafterin, Witwe und Mutter von einem Sohn und zwei Töchtern.

Ihre Hobbys sind Singen, Tanzen, Dichten, Geschichten und Erlebtes aufschreiben.

Sie war 50 Jahre aktives Mitglied im örtlichen Kirchenchor und 40 Jahre aktiv bei der bekannten Volkslieder-Singgruppe „Die Lechsender Sängerinnen."

Viktoria Raab ist regional sehr verwurzelt, liebt ihre Heimat, die Natur, die Tiere und ihr Zuhause. Sie geht auch gerne zu den Kindern in die Grundschule in Rain, liest und erzählt dort zum Teil selbst erlebte und verfasste Geschichten.

Jörg-Reiner Mayer-Karstadt

wurde 1949 in Haunsheim geboren. Nach seiner Kaufmannslehre arbeitete er als Krankenpfleger und wurde letztendlich Berufssoldat im Sanitätsdienst. Seit 2002 ist er Pensionär. Er ist verheiratet und Vater von vier Kindern.

Seit 1966 schreibt Jörg-Reiner Mayer-Karstadt Gedichte und Kurzgeschichten in hochdeutscher sowie donauschwäbischer Mundart. Am 29. Januar 2018 trat er dem Autorenclub Donau-Ries bei.

Veröffentlichte Buchtitel:
„Gschichtla os am Dorf", vergriffen.
Sachbuch Geschichte:
„Die Ruinen im Kartäusertal und Burg Katzenstein".
In Vorbereitung ist ein weiteres Sachbuch:
„Die Kessel vom Ursprung bis zur Mündung", alles Wissenswerte für einen Besuch im Kesseltal.

Willi Lauterbach

Willi (Wilhelm) Lauterbach, geboren 14.03.1960 in Nürnberg, lebt nun schon seit Mitte der achtziger Jahre in Roth bei Nürnberg. Nach der Berufsausbildung zum Elektroinstallateur im Handwerk und der Weiterbildung zum staatlich geprüften Elektrotechniker ist er bereits seit langen Jahren als technischer Angestellter in einer staatlichen Baudienststelle beschäftigt. Glücklich verheiratet seit 1978 mit Waltraud.

2 Kinder: Tochter Alina Lesedi (21) und Sohn

Christopher Sephai (19).

In den Jahren von 1994 bis 1999 lebte er mit seiner Frau und Familie in Kanye (Botswana) wo er als Entwicklungshelfer für den Deutschen Entwicklungsdienst in einem kommunal angelegten Berufsausbildungsprogramm für bildungsbenachteiligte Schulabgänger tätig war. In Botswana wurden auch seine beiden Kinder geboren.

Nach ersten - und nur sehr sporadischen - Schreibversuchen in den frühen 90er Jahren, erst ab 2013 wieder ernsthafte Anstrengungen, verschiedenste Ideen und Themen zu Papier zu bringen. Ab 2014 / 2015 dann vermehrt Gedichtideen, Ansätze und Gedanken, die ab dem Jahr 2016 nach und nach vervollständigt, fertiggedacht und ausformuliert wurden. Viele Gedicht-ideen sind der gesellschaftspolitischen Aktualität geschuldet. Manches hintergründig ironisch formuliert, Anderes schonungslos dargestellt – vieles vielleicht auch dem Herzen näher als der Rationalität.

Durch Freunde und Bekannte wurde ich dann vermehrt bestärkt und motiviert die (bislang) für mich aufgeschriebenen Gedichte doch öffentlich zu machen und mir zu überlegen eine kleine Sammlung meiner

Gedichte und Gedanken als Büchlein herauszugeben. Eine Idee, die sich dann bei mir festsetzte und weiterverfolgt wurde. In 2017 erschien nun tatsächlich als Erstlingswerk mein Gedichtband „Gedankenfetzen" den ich im Eigenverlag im Mai herausgegeben und veröffentlicht habe. Für mich war dies ein Herzenswunsch und ich möchte Allen, die mich dabei ermutigt, unterstützt und begleitet haben recht herzlich danken.

Seit dem Dezember 2017 bin ich nun als Neuzugang hier im Autoren-Club aufgeschlagen und freue mich sehr auf weitere Treffen, nette Gespräche, den Gedankenaustausch und etwaige gemeinsame Projekte.

Bereits bei BoD erschienen:

204 Seiten   9,99 €

ISBN-13: 9783744898539